세 상에 대하여
우리가
더 잘 알아야 할
교양

55

지은이 소개

지은이 **정윤선**

숭실대학교에서 물리학을, 한양대학교 대학원에서 물리교육을 전공했습니다. 우리가 마시는 공기부터 우주의 블랙홀까지 거의 모든 현상은 과학으로 설명할 수 있다고 생각하며 세상 속 흥미로운 과학을 어떻게 하면 재미있게 알릴 수 있을까 고민한 끝에 책을 쓰게 되었습니다. 현재 JY스토리텔링 아카데미에서 청소년들을 대상으로 과학 외에도 다양한 분야의 책을 기획, 집필 중입니다.

세상에 대하여 우리가 더 잘 알아야 할 교양

정윤선 지음

55

인공지능(AI)

우리의 친구가 될 수 있을까?

내인생의책

차례

※ 본문에 **굵은 글씨**로 표시된 단어는 107~109쪽 용어 설명에서 찾아보세요.

들어가며 : 인공지능(AI)은 우리의 친구가 될 수 있을까?

2016년 3월, 전 세계인의 관심이 서울에서 열린 바둑 대국에 쏠렸습니다. 바둑 세계 챔피언 이세돌 9단의 상대는 구글 마인드맵의 인공지능 프로그램 '알파고'였습니다. 바둑은 가로, 세로 열아홉 칸의 바둑판 위에서 이루어집니다. 첫 수를 두는 경우의 수만 해도 12만 9960가지나 되지요. 사고의 깊이가 승부를 결정짓는 복잡한 게임입니다. 그래서 사람들은 이 대결에서 당연히 이세돌 9단이 이길 것이라고 생각했어요. 인공지능이라는 것이 아직은 단순 계산을 하는 컴퓨터에 지나지 않을 거라 생각했기 때문입니다.

하지만 다섯 차례의 대국에서 알파고가 4:1로 승리를 거두었습니다. 2017년 한 단계 더 발전한 '알파고'는 중국의 커제 9단과 세 차례에 걸친 대국에서 전승을 기록했지요. 사람들은 인공지능을 주목하기 시작했습니다.

인공지능의 발전에 대해 사람들이 놀란 것은 게임에서뿐만이 아니었습니다. 우리의 일상생활로 가까이 다가온 채팅 프로그램에 관해 이야기해 볼까요? 2017년 8월 페이스북은 인공지능 '챗봇'의 시스템을 강제로 종료했습니다. 챗봇은 고객을 상대로 대화를 나누는 프로그램입니다. 이 챗봇끼리 인간이 알아들을 수 없는 언어로 '대화'를 나누고 있었어요. 프로그램 개발자는 놀라서 시스템을 중단시켰습니다. 그리고 영어로만 대화할 수 있도록 프로그램을 조정했지요.

단순 오류인지 새로운 언어 체계를 만들어 낸 것인지 의견이 분분하지만, 사람들은 인공지능에 대해 다시 한 번 깜짝 놀라게 되었습니다. 게다가 챗봇은 점점 더 똑똑해지고 있었어요. 인간과 협상을 할 정도가 되었지요. 그리고 협상에 참여한 사람들은 챗봇이 인공지능임을 알아채지 못했어요. 인공지능은 빠른 속도로 진화하고 있습니다.

인공지능과 함께하는 일상, 이것은 불과 얼마 전만 해도 상상 속 모습이었습니다. 그러나 금방 현실이 되었죠. 우리 손에는 '시리'와 같은 인공지능 프로그램이 탑재된 스마트폰이 하나씩 들려 있습니다. 인공지능 프로그램은 좋아하는 음악을 틀어 주고, 필요한 정보를 찾아 줍니다. 인공지능 작가가 가 쓴 소설이 발표되고, 인공지능 변호사도 일을 맡아서 하고 있습니다. 기업들은 다양한 분야에 인공지능 프로그램을 사용하고 있습니다. 사람들은 앞으로 인공지능이 사람을 도와 편리한 세상을 만들어 줄 것이라고 말합니다. 영화 〈아이언맨〉에 나오는 '자비스'와 같은 인공지능 비서가 모든 일을 돌보아 주는 세상처럼 말이지요.

그런데 인공지능이 인간의 두뇌를 뛰어넘는 경우를 생각해 볼 수도 있습니다. 1984년 개봉된 영화 〈터미네이터〉는 인공지능이 세상을 장악한 가까운 미래의 이야기입니다. 영화가 그린 2029년은 인류에게 암울하기 짝이 없습니다. 영화 속에서는 인공지능 프로그램인 스카이넷이 인간처럼 자아(자기 자신에 대한 의식이나 관념)를 갖게 됩니다. 스카이넷은 핵전쟁을 일으켜 인류를 없앨 계획을 세우고 실행에 옮기지요. 살아남은 사람들은 대부분 기계의 노예로 살아갑니다.

우리의 미래는 과연 어떤 모습일까요? 영화 〈터미네이터〉에서처럼 인공지능이 우리를 지배할까요, 아니면 편리하고 편안하게 살도록 우리를 도울까요? 우리가 둘 중 하나만을 선택할 수 있을까요? 과연, 인공지능은 우리의 친구가 될 수 있을까요?

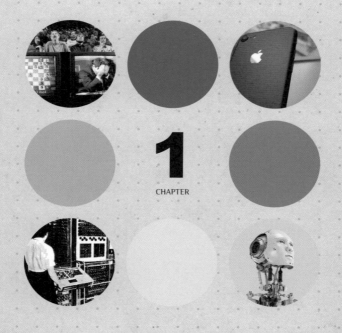

인공지능의 탄생

생각하는 기계, 인공지능은 죽은 친구의 지식을 기계에 옮기고 싶었던 앨런 튜링의
아이디어에서 시작되었습니다. 이를 기점으로 과학자들은 생각하는 기계에 대해 논의
하기 시작했지요. 과학자들은 머지않아 생각하는 기계를 만들어 낼 수 있을 것이라고
의견을 모았습니다. 하지만 생각하는 기계를 만들어내면, 인간은 그것이 기계인지 인
간인지 구별할 수 있을까요?

"기계가 생각할 수 있을까?" 누가 처음으로 인공지능이라는 개념을 생각해 냈을까요? 영국의 수학자 앨런 튜링입니다. 1950년 발표한 앨런 튜링의 논문 〈계산 기계와 지능〉은 "기계가 생각할 수 있을까?"라는 문장으로 시작합니다.

이미 1950년에 앨런 튜링은 스스로 생각하고 학습할 수 있는 기계를 개발할 수 있을지에 대해 연구한 것입니다. 튜링은 그가 살던 당시의 기술로는 생각하는 기계를 만들 수 없지만, 2000년까지는 인간처럼 생각할 수 있는 기계가 나올 것이라 주장했지요. 과학자들은 튜링의 이 새로운 아이디어에 흥분했어요. 생각하는 기계에 대한 관심은 점점 더 커져 갔습니다.

전문가 의견

컴퓨터가 체스 세계 챔피언이 될 것이며, 미적으로 가치 있는 음악을 작곡할 것이다.

— 앨런 뉴얼 · 허버트 사이먼 (1956년도 발언)

▌ 1997년, 체스 세계 챔피언 카스파로프가 IBM 슈퍼컴퓨터 '딥블루'에 패배한 이후 충격에 빠진 장면

1956년 허버트 사이먼, 앨런 뉴웰, 존 매카시, 마빈 민스키 등 10여 명의 과학자가 다트머스대학에 모였습니다. 생각하는 기계에 대해 논의하기 위해서였지요. 다트머스 회의에서 '생각하는 기계'의 이름을 인공지능(AI, Artificial Intelligence)이라 정했습니다. 사람들은 물건을 운반하고 수학 문제를 풀 수 있는 기계가 곧 나올 것이라 예상했죠. 1965년 AI 전문가 허버트 사이먼은 "모든 면에서 인간보다 우월한 기계가 20년 내에 만들어질 것"이라고 예측했습니다.

인공지능

인공지능이 무엇인지 정확히 말하기는 어렵습니다. 아직 인간의 지능에 대해서도 잘 모르기 때문이지요. 인간의 지능에 대해 이해하려면 인간의 신체 중 가장 신비롭다는 두뇌를 알아야 합니다. 그런데 두뇌를 본격적으로 연구한 지도 오래되지가 않았습니다. 더구나 두뇌는 그 연구 범위가 워낙 방대하지요. 연구하기도 난해하고 복잡합니다. 두뇌를 알면 과거보다 인간을 훨씬 더 잘 알게 될 텐데, 두뇌에 얽힌 갖가지 수수께끼들을 풀어 나가기가 여간 쉽지가 않은 것이지요.

인간의 지능에 대해 더 많이 알게 됐다고 해서 인공지능의 개념을 더욱더 명확하게 세울 수 있다고 장담할 수도 없습니다. 기계의 지능과 인간의 지능이 어떤 관계가 있는지 명확하게 이야기할 수 없기 때문이죠. 물론 현재까지 학자들이 생각하는 인공지능의 개념은 대부분 같습니다. 인간의 학습, **추론**, **지각** 능력을 갖추고 인간이 쓰는 **자연 언어**를 이해할 수 있는 컴퓨터 프로그램을 인공지능이라 합니다.

약한 인공지능, 강한 인공지능

인공지능은 그 수준에 따라 **약한 인공지능**과 **강한 인공지능**으로 나눌 수

전문가 의견

인공지능이란 인공적으로 만들어진 지능을 가지는 실체, 또는 그 지능 자체를 연구하는 분야다.

― 나카지마 히데유키 공립 하코다데미래대학 학장

있습니다. 약한 인공지능은 인간과 비슷한 방식으로 읽고, 쓰고, 말하는 정도의 지능을 갖고 있습니다. 입력된 프로그램에 따라 작동하는 것이지요. 튜링 테스트 [기계(컴퓨터)가 인공지능을 갖췄는지 여부를 판별하는 실험으로 1950년 영국의 앨런 튜링이 제안했음]를 통과할 수 있지만, 스스로 결정하는 자율성은 갖고 있지 않아요.

현재 사용 중인 음성 인식 서비스를 비롯해 스팸 메일 필터링, 기계 번역, 이미지 분류 등 우리 주변에서 쓰이는 대부분의 인공지능이 약한 인공지능에 속합니다. 이세돌 9단과 대국을 펼친 알파고 역시 인간이 입력해 놓은 명령에 따라 실행하는 약한 인공지능입니다.

반면에, 강한 인공지능에 속하려면 이보다 훨씬 복잡한 과정을 거칠 수 있어야 합니다. 강한 인공지능은 인간처럼 생각하고, 감정을 갖고, 자율성을 지니고, 창의적인 일을 해냅니다. 명령받지 않은 일도 스스로의 판단에 따라 할 수 있고, 그와 반대로 주어진 명령을 거부할 수도 있지요. 스스로 소프트웨어를 수정할 수도 있답니다. 언제든 인간을 뛰어넘는 지혜를 갖출 수 있는 인공지능이지요.

영화 〈터미네이터〉의 터미네이터와 〈어벤져스〉의 울트론 같은 것들을 강한 인공지능이라 할 수 있겠지요. 영화에 등장한 이 정도로 강한 인공지능은 아직 개발되지 않았습니다. 하지만 영화로 그 위력과 공포를 접했기 때문에 많은 사람들이 강한 인공지능의 부작용과 악영향을 우려하고 있습니다. 학자들은 강한 인공지능에 도달하려면 시간이 더 필요하다고 봅니다. 컴퓨터 성능이 지금보다 수천 배 더 발전하고, 뇌 지도(뇌에서 일어나는 활동을 시각적으로 표현한 것)가 완성되어야 하기 때문이죠.

기계가 지능을 갖고 있는지 판별할 수 있다? vs 없다?

인간은 기계가 지능을 갖고 있는지 판별할 수 있을까요?

초기에는 인공지능을 개발할 기술은 없었지만, 인공지능에 대해 철학적인 고민을 많이 했어요. 기계가 생각할 수 있는지를 알아낼 수 있는지 없는지에 대해 대표적인 두 학자의 논쟁이 있었어요. 바로 앨런 튜링과 존 설입니다. 이 두 사람의 생각은 훗날 인공지능을 설계하는 기초가 되었습니다.

인공지능의 아버지 앨런 튜링은 기계가 지능을 가지고 있는지 판별하는 검사로 튜링 테스트를 제안했어요.

▌ 기계가 지능을 가지고 있는지 판별하는 튜링 테스트

튜링 테스트

실험자는 컴퓨터 두 대가 설치된 방에 혼자 들어갑니다. 한 대는 사람이 조작하는 것이고, 다른 한 대는 컴퓨터입니다. 실험자는 이 둘을 볼 수 없습니다. 실험자는 한 번에 5분씩 5번 컴퓨터 채팅으로 대화합니다. 대화가 끝난 후 조사자는 둘 중 더 자연스러운 것을 뽑습니다. 같은 방법으로 30명의 조사자가 인공지능인지를 판별합니다. 이때 전체 심판의 30% 이상이 기계에게 속았다면 그 컴퓨터는 사람처럼 생각할 수 있다고 인정합니다.

반면에 미국의 언어철학자 존 설은 튜링 테스트로 인공지능인지 여부를 판단할 수 없다고 했습니다. 존 설은 중국어 방 논증으로 반박합니다.

중국어 방 논증

어떤 방 안에 영어를 쓰고 중국어를 모르는 사람이 갇혀 있습니다. 그리고 이 사람에게 중국어 질문이 쓰인 쪽지가 전달됩니다. 이 사람은 질문에 알맞은 답을 중국어로 해야 합니다.

방 안에는 중국어의 뜻은 나오지 않았지만, 중국어 모양에 따라 어떤 영어 표현인지 규칙을 찾아내는 사전이 있습니다. 방 안에 있는 사람은 이 사전을 이용해 단순히 중국어 모양을 보고 질문에 알맞은 답을 할 수 있습니다.

방 밖에는 다른 사람이 있습니다. 이 사람이 방 안에서 무엇을 하는지 볼 수 없습니다. 방 밖에 있는 사람은 방 안에 있는 사람이 중국어를 할 줄 안다고 생각할 것입니다. 중국어로 된 답을 내놓았기 때문이죠. 그렇다면 방 안에 있는 사람이 중국어를 이해했다고 할 수 있을까요? 그렇지 않습니다. 중국어의 뜻을 모르고 단순히 모양의 규칙만 가지고 답을 찾았기 때문입니다. 이처럼 기계가 튜링 테스트를 통과했다 하더라도 대화 내용을 실제로 이해하고 답한 진정한 지능이라고 할 수 없다는 것입니다.

인물탐구 컴퓨터와 인공지능의 아버지, 앨런 튜링

아이폰에 찍혀 있는 '베어 먹은 사과 모양'을 보고 가장 많이 연상되는 사람이 바로 앨런 튜링이 아닐까요? 영국에서 태어난 튜링(1912~1954)은 수학에서 천재적인 능력을 보였습니다. 아인슈타인의 이론으로 운동 법칙을 스스로 증명해 내기도 했지요. 하지만 어린 시절부터 외골수였던 튜링은 왼쪽을 구별하기 어려워 오른쪽 엄지손가락에 항상 빨간 점을 찍어 둘 정도였답니다. 그는 의지했던 친구의 죽음 이후 인공지능을 기계에 넣어 둘 방법을 찾기 시작했습니다. 함께 수학을 가지고 놀던 친구의 뇌에 있던 지식을 후세에 고스란히 남기고 싶었기 때문이지요.

1936년, 오늘날 컴퓨터의 기본 틀이 된 연산 기계인 '튜링 기계'를 만들었습니다. 그리고 2차 세계대전 때는 '콜로서스'를 만들어 독일군의 악명 높은 암호 제조 기계 애니그마의 암호를 풀어 전쟁을 승리로 이끌었어요. 1950년 제안한 '튜링 테스트'로 사용되는 기계 판별법은 아직까지도 인공지능의 모태가 되었습니다. 튜링은 지금은 비록 이런 컴퓨터를 만드는 것이 불가능하지만, 2000년까지는 스스로 프로그램을 바꾸는 컴퓨터가 나올 것이라 예상했습니다.

하지만 인공지능의 아이디어와 검사 기준을 만들어 '인공지능의 아버지'가 된 그의 사생활은 밝지 못했습니다. 동성애자였던 튜링은 41세에 스스로 목숨을 끊었습니다. 자신이 직접 독을 주입한 사과를 베어 문 채 말이죠.

▮ 아이폰에 찍혀 있는 '베어 먹은 사과 모양'을 보고 가장 많이 연상되는 사람은 바로 인공지능의 아버지 앨런 튜링이다.

- 생각하는 기계에 대한 아이디어는 영국의 수학자 앨런 튜링으로부터 시작되었다.
- 인간의 학습, 추론, 지각 능력을 갖추고 인간이 쓰는 자연 언어를 이해할 수 있는 컴퓨터 프로그램이 인공지능이다.
- 인공지능에는 약한 인공지능과 강한 인공지능이 있다. 약한 인공지능은 인간과 비슷한 수준으로 읽고, 쓰고, 말하는 수준의 지능이다. 강한 인공지능은 인간처럼 생각하고, 감정을 갖고, 자율성을 지니고, 창의적인 일을 해내는 인공지능이다. 명령받지 않은 일을 스스로의 판단에 따라 할 수 있으며, 주어진 명령을 거부할 수도 있다. 강한 인공지능은 아직 나타나지 않았다.
- 앨런 튜링은 기계가 지능을 갖고 있는지 여부를 판별할 수 있는 튜링 테스트를 제안했다.

인공지능은 어떻게 개발되는가?

복잡한 계산을 보다 편리하게 하고픈 인간의 꿈은 컴퓨터 개발로 이어졌습니다. 컴퓨터는 지난 몇십 년 동안 무서운 속도로 발전했어요. 뇌 과학자들은 인간 뇌의 비밀을 계속 밝혀내고 있습니다. 인간의 두뇌를 이해하는 만큼 인공지능을 발전시킬 수 있지요. 한편 인터넷이 발달하면서 정보의 양은 급격히 늘어 엄청난 양의 빅데이터를 남깁니다. 컴퓨터가 '생각하는 기계', 즉 인공지능으로 거듭날 환경이 마련된 셈이지요.

인공지능이

사람들의 머릿속에 하루아침에 떠오른 것은 아닙니다. 편리한 계산 도구로서 발명된 컴퓨터가 그 시작이었죠. 컴퓨터는 계속 진화해 나갔습니다. 발전 속도는 상상하기 어려울 정도였어요. 게다가 인간 뇌의 비밀이 밝혀지면서 사람들은 뇌를 닮은 컴퓨터를 상상하게 되었답니다. 인터넷 시대가 되자 우리는 수많은 데이터들의 홍수 속에서 살게 되었죠. 빅데이터는 컴퓨터가 스스로 학습할 수 있는 환경이 되어 주었습니다. 인공지능은 컴퓨터, 인간 뇌 과학 그리고 **빅데이터**가 어우러져 탄생할 수 있었습니다.

편리한 계산을 위한 꿈이 컴퓨터 개발로

오래전부터 사람들은 복잡한 계산을 조금 더 편리하게 하고 싶었습니다. 돌과 나무로 주판을 만들어 사용했지요. 주판을 발전시켜 기계식 계산기를 만들었고요. 하지만 사람들은 덧셈과 뺄셈, 곱셈과 나누기를 주로 하던 계산기에 만족하지 못했습니다. 점점 더 그보다 복잡한 계산을 할 수 있는 기계가 필요해졌어요. 결국 **해석 기관**처럼 지수, 로그와 같은 더 어려운 계산을 해낼 수 있는 기계를 발명합니다.

▌ 높이 3미터에 진공관이 2400개나 사용된 세계 최초의 연산 컴퓨터 '콜로서스'

　2차 세계대전이 한창이던 때 영국에서 앨런 튜링은 **진공관**을 이용한 암호 해독용 기계를 설계했어요. 높이가 3미터나 되고, 진공관이 2400개나 사용되었지요. 바로 '콜로서스'라 불리는 세계 최초의 연산 컴퓨터였어요. 콜로서스는 곧바로 2차 세계대전에서 독일군의 암호를 푸는 활약을 했지요.

　그 후 진공관 대신 **트랜지스터**와 고급 **프로그래밍 언어**를 사용하면서 컴퓨터는 더욱 발전했어요. **집적 회로**와 **마이크로프로세서**가 개발되면서 컴퓨터가 널리 보급되었죠. 그리고 이제 하나의 실리콘 칩 안에 수십억 개의 트랜지스터가 들어갈 정도가 되었답니다.

　단 몇십 년 동안 컴퓨터는 엄청난 속도로 발전했어요. 처음에는 방 하나를 가득 채울 만큼 컸던 컴퓨터는 이제 한 손 안에 들어올 정도의 크기가 되었습니다. 1965년, 인텔사의 창업자인 고든 무어는 컴퓨터 마이크로칩의 집적 회로 성능이 매년 2배씩 향상된다고 예측했어요. 이후 18개월마다 2배로 늘어난다고 수정했지요.

하지만 이렇게 한없이 빨라지기만 할 것 같던 컴퓨터의 발달 속도도 이제 차츰 그 속도가 느려지고 있어요. 그만큼 컴퓨터 자체의 성능은 충분히 발달했다는 뜻이지요. 이제 컴퓨터는 다른 기술로 한 단계 더 진화할 준비를 마쳤습니다.

인간 뇌의 비밀을 밝혀라

인간의 뇌는 어떻게 작동할까요?

인공지능이 인간의 뇌를 본뜬 것이라면, 뇌의 비밀을 밝히는 것이 중요한 열쇠가 될 것입니다. 특히 뇌 신경계의 구조가 어떤지, 뇌가 어떻게 작동되는지, 사물을 어떻게 인식하는지를 알아야겠지요.

예를 들어 사람이 고양이를 보고 그것이 고양이임을 알아차리는 것은 너

무 당연한 일이에요. 하지만 뇌를 본뜬 기계를 만들려면 그 과정을 하나하
나 쪼개어 결과적으로 고양이라는 것을 인식할 수 있도록 방법을 찾아내야
합니다.

19세기 말 전자 현미경이 발명되면서 과학자들은 뇌의 구조에 대해 알아
가기 시작했어요. 대뇌는 감각과 운동을 담당하고, 연산과 기억을 처리하는

집중탐구 사고의 핵심, 신피질의 패턴 인식

대뇌의 겉부분을 피질이라고 합니다. 사고와 기억을 담당하지요. 그 피질
중에서도 가장 늦게 만들어진 피질인 신피질이 바로 생각의 핵심입니다.

신피질에서는 외부에서 들어오는 정보를 잘게 쪼개어 전기 신호로 저
장합니다. 이것이 패턴입니다. 패턴을 인식할 수 있는 장치가 신피질에는
300억 개 정도 있습니다.

신피질은 이렇게 입력된 패턴을 시간, 공간, 중요도에 따라 분류하고
서열을 나누어 저장합니다. 신피질에서는 패턴을 인식하고, 기억하고, 연
관시키기 때문에 일부의 정보만으로도 완벽한 패턴을 빠르게 불러낼 수
있어요. 강아지가 선글라스를 끼고 있어도 알아볼 수 있는 것이 300억 개
의 패턴 인식기로 강아지의 정보가 저장되어 있기 때문이지요.

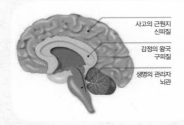

사고의 근원지
신피질

감정의 왕국
구피질

생명의 관리자
뇌관

▎뇌의 3층 구조와 기능

신경의 기본 단위, 뉴런과 신경망

뉴런은 신경계를 이루는 단위입니다.

　뉴런은 전기 신호와 화학 물질로 다음 뉴런에게 신호를 전달합니다. 이때 뉴런과 다음 뉴런의 연결 부위가 많을수록 활발한 사고 활동을 할 수 있어요. 그리고 이런 뉴런의 연결망은 마치 전기 회로 같지요.

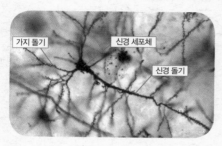

가지 돌기　신경 세포체　신경 돌기

▎전자 현미경으로 본 신경 세포. 하나의 신경 세포체에서 수많은 가지를 치고 있는 가지 돌기와 달리 신경돌기는 단 하나만 길게 뻗어 있다. 신경 돌기는 다른 뉴런의 가지돌기와 연결되어 복잡한 연결망을 이룬다.

　인간의 뇌는 뉴런들이 거대한 네트워크(망)로 연결되어 있는 구조입니다. 이 네트워크를 통해서 학습할 수 있지요. 어느 부위에서 어떤 작용을 하는지 그린 것이 뇌신경 회로도입니다. '커넥톰(connectome)'이라 부르지요.

　2011년 과학자들은 인간과 유전자가 비슷한 예쁜꼬마선충의 커넥톰을 해독했습니다. 그리고 2013년 인간 뇌의 신경 네트워크를 그리는 '휴먼 커넥톰 프로젝트'가 1차적으로 완성되었습니다. 2013년 미국은 '브레인 이니셔티브' 프로젝트를 시작했고, 유럽연합도 같은 해에 '휴먼 브레인 프로젝트'에 착수했습니다. 인간 뇌신경 네트워크의 비밀이 밝혀지는 것은 시간문제랍니다.

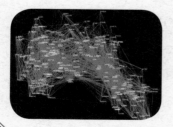

▎송현준 교수가 참여해 12년에 걸쳐 제작한 선충의 커넥톰 지도. 선충의 커넥톰은 7000개인 데 비해 인간의 커넥톰은 1000억 개이다.

곳입니다. 그리고 신경 세포의 단위인 **뉴런**과 뉴런이 연결된 **시냅스**들이 거미줄처럼 연결되어 있다는 사실을 알아냈어요.

양전자 단층 촬영과 자기 공명 영상처럼 고해상도의 영상 촬영이 가능해지면서 뇌의 구조뿐 아니라 뇌 작동의 비밀에 한층 더 다가갈 수 있게 되었지요. 이제 우리 뇌가 여러 상황을 어떻게 인식할 수 있는지 답을 찾을 수 있게 된 것입니다.

뇌는 정보를 정밀하게 쪼개진 수많은 패턴으로 인지합니다. 그리고 각 정보를 연결할 때도 잘게 쪼개진 기억을 서로 연결합니다. 그래서 정보의 일부분만 보더라도 그것이 무엇인지 인지하는 능력은 변하지 않습니다.

예를 들어 고양이 얼굴을 볼 때, 고양이 얼굴을 아주 잘게 쪼개어 인식합니다. 그래서 고양이의 일부를 가리거나, 고양이가 얼굴을 찌푸린다 해도 그것이 고양이라는 것을 인식할 수 있어요. 이러한 정보 인식의 경험들이 뇌의 계층에 기억되어 차츰 쌓입니다. 이렇게 많은 정보를 받아들여 결론을 내리는 상향식 학습 때문에 우리 뇌는 보다 많은 사고를 할 수 있어요.

인공 지능이 초기에 발달이 더뎠던 이유가 바로 여기에 있습니다. 컴퓨터는 주어진 명령에 따라 문제를 해결하는 하향식으로 문제를 해결하지만, 인간의 뇌는 끊임없는 학습에 기초한 상향식 학습을 하기 때문이지요.

빅데이터

인터넷이 발달하면서 사람들이 사용하는 정보의 양이 급격히 늘어났습니다. 그리고 구글과 같은 검색 엔진과 페이스북, 트위터, 인스타그램 같은 **SNS**에도 사람들이 사용하는 정보의 흔적이 어마어마한 양으로 남겨져 있

습니다. 이와 같이 다듬어지지 않은 대규모의 데이터들과, 그것들을 저장하고 검색하는 기술을 통틀어 빅데이터라 합니다.

인터넷이 발달하면서 빅데이터가 급격하게 늘어났고, 인공지능이 학습하는 데 필요한 자료가 충분해졌습니다. 인공지능에서 빅데이터의 중요성은 자동 번역 시스템을 개발하면서 알게 되었지요. IBM은 캐나다 의회의 수백만 건의 문서를 활용해 영불 자동 번역 시스템 개발에 도전했다가 실패했어요. 하지만 구글은 도서 정보, 국제연합, 유럽 의회 사이트 등에서 보다 방대한 내용으로 자동 번역 시스템 개발에 도전했습니다. 그리고 마침내 64개의 언어로 자동 번역이 가능한 시스템을 개발해 냈지요.

- 인공지능은 컴퓨터, 뇌 과학, 빅데이터가 어우러져서 탄생할 수 있었다.
- 좀 더 편리하게 계산하고 싶다는 인류의 꿈이 컴퓨터 개발을 이끌었다. 컴퓨터는 무어의 법칙을 따르며 빠른 속도로 발전하고 있다.
- 뇌 연구도 빠르게 발전하면서 인간의 뇌가 사물을 인식하는 방식을 알아낼 수 있게 되었다.
- 인터넷과 SNS가 발달하면서 사람들이 기록한 정보가 엄청나게 많이 쌓이게 되었다. 그 다듬어지지 않은 수많은 데이터와, 정보를 저장, 검색하는 기술을 빅데이터라 통칭한다.

3

CHAPTER

인공지능의 발전

인공지능을 발전시키기 위한 노력은 다양하게 시도되었어요. 하지만 항상 성공적이지는 않았지요. 인공지능은 이렇다 할 성과 없이 몇 차례 침체기를 맞게 되었습니다. 인공 신경망 연구에 기반을 둔 딥러닝 기술이 사용되기 전까지 말이에요. 딥러닝 기술로 학습하는 인공지능 '알파고'가 이세돌 9단과의 바둑 대국에서 승리를 거두면서 인공지능 연구는 화려하게 도약합니다.

컴퓨터의 발달, 인간 뇌의 연구, 빅데이터 덕분에 인공지능은 발전해 나가게 되었습니다. 1950~60년대 초기의 인공지능은 사람처럼 추론, 탐색과 같은 논리적인 과정을 거쳐서 복잡한 수학 문제를 해결할 수 있었어요. 1970년대에는 컴퓨터에 지식을 입력하는 전문가 시스템이 연구되었어요. 1990년대 들어서는 기계 학습의 방법이 연구되고, 딥러닝이 적용되면서 인공지능은 한 단계 더 발전합니다.

추론

추론은 인간의 사고 과정을 기호로 표현해 실행하는 것입니다. 먼저 문제 해결을 위한 지식과 정보를 적절히 표현합니다. 그리고 그것을 근거로 다른 결론을 이끌어 내는 추론의 과정을 따라 결과를 내는 방법이지요. 훗날 전문가 시스템을 구현하는 데 핵심적인 방법으로 쓰입니다.

탐색

탐색은 현재의 위치에서 목표 지점까지 갈 때 각각의 경우의 수를 찾아 가장 빠르고 정확한 길을 찾는 방법입니다. 미로 찾기 또는 하노이의 탑과 같은 퍼즐을 풀 때 주로 사용하는 방법으로 탐색 기술은 게임뿐 아니라 복잡한 문제를 해결할 때도 활용할 수 있습니다.

전문가 시스템

전문가의 지식과 경험을 컴퓨터에 입력해 전문가와 같은 문제 해결 능력을 갖도록 한 시스템입니다. 의료 진단, 설비 고장 진단, 생산 일정 계획 주식 투자 판단, 자동차 고장 진단, 자재 구매 일정 수립 등 인간의 지적 능력을 필요로 하는 분야에 적용되고 있어요.

기계가 학습한다(Machine Learning)

'지식'이 많으면 그만큼 활용할 수는 있어도, 미리 입력해 놓은 지식 이상을 활용할 수는 없었어요. 게다가 실생활에 사용할 수 있을 만큼 가치 있는 지식을 입력하는 것은 엄청나게 방대한 작업이기 때문에 쉽지 않았지요.

1990년대 중반 야후나 구글과 같은 **검색 엔진**이 탄생했어요. 그 덕에 인터넷이 폭발적으로 보급되었고, 활용할 수 있는 정보가 많아졌습니다. 과학자들은 이제 사람이 학습하는 것처럼 컴퓨터에 데이터를 주고 학습을 하도록 해서 새로운 지식을 얻게 하는 '기계 학습'을 하면 되겠다고 생각했지요.

기계가 '학습한다'는 것은 작은 단위로 나누어 '분류한다'는 뜻이에요. 그리고 작은 단위로 나눈다는 것은 질문에 대해 "예스"와 "노"로 대답할 수 있을 때까지를 말하지요. 이것이 먹을 수 있는 것인지 아닌지, 이 주식을 사야 하는지 말아야 하는지, 고양이인지 아닌지를 구분하는 것 말이죠. 인간의 뇌도 사실 세계를 이렇게 작은 단위로 나누는 일을 계속 하고 있습니다. 우리가 전문가의 지식을 이용한 인공지능 시스템은 1970년대 초 스탠포드대학에서 개발된 마이신에서 본격적으로 시작되었습니다. 마이신은 혈액 속에 전염성 병균을 가진 환자를 진단하고 항생 물질을 처방하도록 프로그래밍 되어 있습니다.

마이신은 감염병 전문의 대신 진단을 내리는 인공지능 시스템이었어요. 인공지능 프로그램에는 500여 가지 규칙이 준비되어 있고, 질문에 순차적으로 대답해 갑니다. 답변에 따라 감염된 세균을 특정하고, 그에 맞게 항생제를 진단할 수 있었지요. 마이신이 적합한 처방을 내리는 비율은 69%였습니다. 이 수치는 감염병 전문의의 80%보다는 낮았지만, 감염병 전문의가 아닌 전문의의 수치보다는 높았습니다.

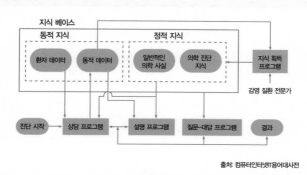

출처: 컴퓨터인터넷IT용어대사전

▌ 마이신의 구조(화살표는 정보 흐름)

알아채지 못할 뿐이죠. 컴퓨터는 데이터를 처리하면서 정보를 분류하는 방법을 자동으로 배웁니다. 강아지를 구별하는 방법을 훈련 데이터 세트에서 스

기계 학습의 대표적인 예로 기계 번역을 들 수 있습니다. 2000년대에 **웹**이 널리 보급되면서 각국의 언어를 인간이 보통 쓰는 언어로 번역하는 자연어 처리와 기계 학습에 대한 연구가 크게 발전했는데요. 이때 구글이 사용한 번역 방법은 문법과 문장의 의미를 알고 하는 것이 아니었어요. 많은 데이터 속에서 가장 확률적으로 많이 쓰는 단어의 의미를 채택해서 번역하는 것이 바로 기계 번역입니다. 구글 웹 사이트에서 번역이 운영되던 방식이지요.

스로 익히면 다음번에 강아지를 보게 되면 순식간에 강아지라는 것을 알아챌 수 있어요.

인공 신경망

인공 신경망은 인간의 두뇌를 본떠 기계가 학습하게 하는 기술입니다. 인

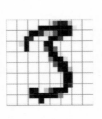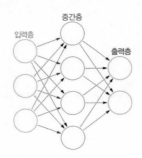

▌ 인공 신경망이 숫자를 인식하는 방법

간 두뇌의 기본 구조인 뉴런은 다른 뉴런들과 함께 시냅스로 연결되어 정보를 분류하고 기억합니다. 전기 신호로 정보가 전달되지요. 컴퓨터도 역시 전기를 이용해 정보가 전달됩니다. 뉴런이 망으로 연결되어 있는 것처럼 인공신경 단위를 대규모로 연결하고 정보를 보내어 문제를 해결하죠.

예를 들어 휴대전화에는 손 글씨를 인식하는 기술이 있는데요. 휴대전화에 손으로 3이라는 숫자를 씁니다. 사람마다 3을 조금씩 다른 모양으로 쓰기 때문에 인공지능이 손 글씨를 인식하는 것은 쉽지 않습니다. 하지만 뇌가 사물을 인식하는 것과 같이 인공 신경망을 이용하면 가능합니다.

인물탐구 **카밀로 골지 vs. 산티아고 라몬 이 카할**

카밀로 골지는 이탈리아의 해부학자입니다. 1873년 질산은을 이용한 조직 염색법을 개발했습니다. 카밀라 골지는 이 염색법을 이용해 중추 신경계의 신경 세포를 최초로 발견했는데요. 골지체, 골지 세포, 골지 염색법 모두 카밀로 골지의 이름을 따서 만든 것입니다. 골지는 신경 세포가 축삭 돌기를 이용해 정보를 주고받는 것이라 추측했습니다. 신경계 구조를 연구한 공로로 1906년 노벨 생리학상과 의학상을 받았죠.

산티아고 라몬 이 카할은 스페인의 세포조직학자입니다. 카할은 골지의 염색법을 이용해서 신경계 연구 방법을 확립했어요. 신경은 서로 접촉하고 있는 신경계 기본 단위인 뉴런에 의해 성립되어 있다고 했지요. 신경 세포가 축삭 돌기를 이용해 정보를 주고받는다는 골지의 주장에 반대했고, 이는 훗날 사실로 밝혀졌죠. 골지와 함께 1906년 뉴런을 신경의 기본 단위로 확립한 공로로 노벨 생리학상과 의학상을 수상했어요.

구글의 고양이 인식하기

구글의 '인공지능 맨해튼 프로젝트'는 비지도학습을 이용합니다. 이 프로젝트에서 구글은 신경망에 유튜브 영상에서 추출한 1000만 장의 사진에서 75%의 정확도로 고양이를 골라 냈어요.

여러 개의 층으로 나눈 신경망에서 첫 번째 층에서는 점이나 모서리 등 가장자리 형태의 모양을 인식합니다. 두 번째 층의 신경망에서는 원이나 삼각형 등의 모형을 인식할 수 있습니다. 그리고 그것을 조합해 둥근형 속에 2개의 눈이 있고, 그 가운데에 세로로 긴 모양이라는 특징을 얻게 됩니다. 이렇게 가면 결국 상위의 층에서는 '인간의 얼굴' 같기도, '고양이의 얼굴' 같기도 한 모양이 남습니다. 이 과정을 통해 '고양이 얼굴'과 '인간의 얼굴'에 대한 개념을 학습하면 다음에는 사진을 보자마자 인간과 고양이의 얼굴을 판단할 수 있습니다. 이 연구에서 천만 장의 이미지를 판단하기 위해 100억 가지의 신경망을 사용했고, 1000대의 컴퓨터를 3일 동안 가동할 정도의 계산량이 필요했어요. 이 놀라운 성과로 인공지능 연구에는 다시 불이 붙었답니다.

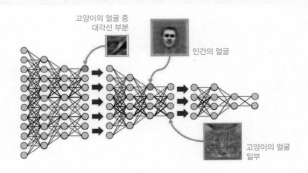

| 구글이 비지도학습으로 고양이를 인식하는 방법

▌2016년 알파고와 이세돌 9단의 대
국 장면

알파고는 구글의 인공지능 자회사인 '구글 딥마인드'가 개발한 컴퓨터 바둑
프로그램입니다.

바둑은 인공지능이 도전하기 어려운 영역 중 하나였습니다. 바둑의 규칙
이 매우 간단하지만, '집'을 만드는 경우의 수가 10 뒤에 0이 170개가 붙을
정도로 어마어마하게 많기 때문입니다. 그래서 1997년 체스 챔피언을 이긴
컴퓨터 딥블루보다 더 오랜 준비 기간이 필요했어요.

지도학습을 통해 16만 개의 기보(바둑을 둔 내용의 기록)로 인간 바둑기
사가 둔 수를 배워 나갔지요. 3천만 개의 수를 먼저 학습했습니다. 알파고
의 학습을 위한 인공 신경망은 모두 13개의 층으로 학습 후에 다음 수를
예측하는 확률을 44.4%에서 57%까지 높일 수 있었습니다. 그 후에도 이
데이터를 바탕으로 자기 자신과 100만 번 대국을 하며 학습을 강화했어요.
승률이 낮은 신경망은 약화시키고, 좋은 수를 둔 신경망은 강화시켰지요.
승률은 57%에서 80%로 높아졌습니다. 그리고 2016년 이세돌 9단과의 대
결에서 4대1로 승리했습니다. 이런 결과를 얻기까지 알파고가 필요로 했던
훈련 시간은 단 4주였지요.

먼저 손 글씨로 쓴 숫자들을 아주 작은 단위로 쪼개어 각각 입력층에 넣습니다. 입력된 각각의 부분은 중간층을 거쳐 출력층으로 갑니다. 이때 출력에서 정답을 맞히지 못했다면 다시 입력으로 돌아갑니다. 그리고 처음에 입력 층에서 입력한 부분에 수를 처리해 맞추고 이번에는 다른 중간층으로 갑니다. 그리고 출력으로 보냅니다. 이때도 출력이 정답이 아니면 또다시 수를 처리해 맞추는 방식으로 출력이 정답이 될 때까지 반복합니다. 인공 신경망으로 답을 맞히는 학습을 하는 데 수초에서 수일이 걸립니다. 하지만 학습이 끝나고 나서 손 글씨 3을 인공신경망의 입력에 넣었을 때 순식간에 3을 맞출 수 있습니다.

딥러닝

인공지능을 한 단계 도약시킬 기술이 2006년 시작되었습니다. 제프리 힌튼 교수가 개발한 딥러닝(deep learning)이죠. 딥러닝은 인공 신경망을 확장하는 **알고리즘**입니다. 신경망의 층을 늘려서 심층 신경망을 만드는 구조입니다.

딥러닝의 핵심은 분류를 통해 예측하는 것입니다. 작은 단위로 나누어서 결말을 예상하는 거예요. 인간의 두뇌가 수많은 데이터 속에서 패턴을 발견해 사물을 구별하듯이, 컴퓨터도 데이터를 분류합니다. 이때 분류 방법에 따라 지도 학습과 비지도 학습으로 나눌 수 있습니다. 지도 학습은 먼저 알려주는 거예요. 컴퓨터에 이 사진이 고양이라는 것을 먼저 알려주고, 컴퓨터는 이 사진을 기준으로 학습해 고양이 사진을 구별합니다. 비지도 학습은 어떤 것이 고양이 사진인지 가르쳐 주지 않은 상태에서 스스로 학습해 고양이라는 것을 알게 되는 것이죠.

제프리 힌튼

딥러닝 프로그램을 개발한 제프리 힌튼은 인공지능 연구를 이끌고 있습니다. 생리학과 심리학을 전공한 힌튼이 인공지능으로 전공을 바꾸었을 때만해도 인공 신경망은 틀린 이론이라고 비난받았지요. 하지만 포기하지 않고 연구한 끝에 2~3개의 인공 신경망을 미리 학습해서 여러 층을 지닌 인공 신경망을 만들 수 있었어요. 딥러닝이 적용된 알렉스넷은 1000개가 넘는 카테고리로 분류된 100만 장의 사진에서 85%의 정확도를 이끌어 내며 우승을 거두었답니다.

- 1950~60년대, 초기의 인공지능은 인간 사고의 방식과 비슷한 추론, 탐색의 방법으로 발달했다.
- 1980년대 인공지능에 많은 양의 전문 지식과 경험을 입력해서 전문가와 같은 문제 해결 능력을 가지도록 하는 전문가 시스템이 발달했다.
- 1990년대 인공지능은 컴퓨터에 많은 데이터를 주고 지식을 얻도록 하는 기계 학습의 방법으로 발달했다.
- 인간 두뇌의 기본 구조를 본뜬 인공 신경망으로 기계 학습을 하게 했는데 인공지능의 학습 효과가 뛰어났다.
- 2006년 인공 신경망의 층을 더 늘려 심층 신경망으로 만들어 학습하는 '딥러닝' 기술은 인공지능을 빠르게 발전시켰다.
- 딥러닝 기술의 핵심은 작은 단위로 분류해서 예측하는 것이다.
- 구글 딥마인드사가 개발한 인공지능 '알파고'가 세계 정상의 바둑 기사 이세돌 9단과의 대국에서 4:1로 승리를 거두었다.

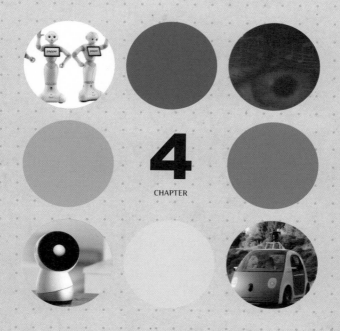

인공지능은 어떤 모습으로 우리 곁에 있을까?

인터넷 검색 엔진에 검색어를 입력하면 사용자에게 유용한 내용을 추천합니다. 말 한 마디로 날씨를 검색하고 시간표를 정합니다. 인공지능 화가의 그림 전시회에 갑니다. 우리 생활 속에 들어온 인공지능의 모습입니다. 딥러닝을 통한 기계 학습으로 인공지능이 큰 성과를 보이자 글로벌 IT 기업들은 다양한 분야에서 인공지능 개발에 투자하고 있는데요. 이에 따라 인공지능은 더 빨리, 폭넓게 발전하고 있습니다.

인공지능에 대한 논의가 시작된 지 60년쯤 지난 지금, 인공지능은 우리 생활에 얼마나 가까이 다가와 있을까요? 아직은 잘 인식하지 못하지만, 이미 로봇 청소기와 인공지능 밥솥, 스마트폰, 자동 주차 관리 기계 같은 인공지능 기술이 우리 생활 가운데 들어와 있습니다.

그리고 기계가 학습할 수 있게 되면서 인공지능 산업은 급격히 발전하기 시작했어요. 학습을 통해 이미지와 소리를 인식하기 시작하면서 다방면으로 뻗어 나갈 수 있었기 때문입니다. 구글, IBM, 마이크로소프트, 애플, 페이스북, 바이두, 알리바바, 삼성 같은 글로벌 IT 기업들도 인공지능 플랫폼을 이용한 다양한 프로그램에 투자하고 있습니다. 인공지능 비서, 검색 엔진, 로봇, 번역가 등 우리 생활 속에 인공지능이 자리를 잡기 시작했어요. 기업들의 인공지능 투자가 급증하고, 인공지능 관련 산업이 빠른 속도로 성장하고 있습니다. 사람들은 4차 산업 시대로 변화를 꾀하고 있어요. 감정까지 인식하는 로봇을 개발 중이죠. 지금 우리 곁의 인공지능은 어느 정도 발달된 모습일까요? 발전을 거듭하다가 인간에게 위협적인 존재가 되는 것은 아닐까요?

인공지능 비서

영화 〈아이언맨〉에서 인공지능 비서 자비스는 아이언맨의 모든 일을 지원해 줍니다. 식단 관리, 스케줄 관리는 기본이고 아이언맨의 수트도 관리합니다. 전투 상황에서는 가능한 전략을 모두 계산해서 대응 전략을 알려주고, 아이언맨의 개인적인 문제에 대해서도 조언을 해 줍니다. 물론 현재 이렇게 모든 일을 관리해 주는 인공지능 비서는 존재하지 않습니다.

개인 일정과 SNS 관리, 음악 재생, 날씨나 뉴스 정보, 외국어 번역과 쇼핑, 검색과 사물인터넷까지 다양한 기능을 갖고 있지만 아직은 초기 단계입니다. 하지만 많은 IT 기업들이 음성으로 대화하는 인공지능 플랫폼을 통해 인공지능 비서 서비스를 앞다투어 개발하고 있습니다. 사용자가 요구하는 데이터를 모아 인공지능 프로그램이 학습할 기회를 갖게 되기 때문입니다. 또한 그 데이터로 사람들이 원하는 새로운 사업을 만들 수 있습니다.

시리

시리는 2011년 세계 최초로 선보인 애플사의 인공지능 음성 인식 비서입니다. 아이폰 4S를 출시하며 처음 공개된 시리는 인공지능 비서의 선두 주자로 꼽힙니다. 애플의 데이터베이스에 연결되어 있으며, 전 세계 사용자의 경험을 통해서 학습이 이루어지고 있습니다.

처음에는 음성을 잘 인식하지 못해 활용도가 높지 않았지만, 업그레이드를 하면서 점차 발전하고 있지요. 음성으로 명령을 내리면 검색을 하거나 앱을 실행시켜 줍니다. 음성 명령으로 전화번호를 찾아 전화를 걸 수 있고, SNS나 메일도 보낼 수 있습니다. 가끔 명령자의 농담에 재치 있는 대답을

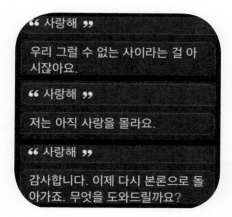

<blockquote>
" 사랑해 "

우리 그럴 수 없는 사이라는 걸 아시잖아요.

" 사랑해 "

저는 아직 사랑을 몰라요.

" 사랑해 "

감사합니다. 이제 다시 본론으로 돌아가죠. 무엇을 도와드릴까요?
</blockquote>

▌ "사랑해"라는 말에 답하는 시리

하기도 합니다.

시리의 기능 중에서는 무엇보다 탁월한 외국어 능력이 돋보입니다. 2017년 3월 시리는 방언까지 36개의 외국어를 할 수 있으며, 한국어 명령을 이해하는 첫 인공지능 비서 서비스입니다.

코타나

2014년 4월 출시된 마이크로소프트사의 인공지능 비서입니다. 마이크로소프트사에서 출시한 스마트폰과 컴퓨터의 윈도우10에서 사용할 수 있습니다. 영어, 스페인어, 중국어, 독일어로 서비스 중이고, 자료 검색과 이메일, 문자 전송 기능이 있습니다. 일정 관리와 알림 기능을 수행하고 음악을 들려주면 해당 곡을 찾고 다운로드 하도록 해 줍니다. 사생활 관련 정보들의 전송 여부를 세부적으로 설정할 수 있습니다.

알렉사

2014년 11월 출시된 알렉사는 아마존닷컴이 개발했어요. 스마트 스피커에서 사용할 수 있는 인공지능 비서입니다. 미국에서만 400만 대가 넘게 팔린 인기 제품이지요. "알렉사"라고 이름을 부르면 반응하는데, 음악을 재생하거나 할 일의 목록을 만들고 날씨와 교통 정보를 확인할 수 있습니다.

▌아마존의 인공지능 비서 알렉사

어시스턴트

2016년 5월 구글이 내놓은 인공지능 서비스입니다. 구글이 출시한 스마트폰 '픽셀'에서 사용할 수 있습니다. 일정을 관리하고, 식당과 호텔 예약을 하고, 자동차와 집 안에 있는 가전제품을 제어할 수 있어요.

누구

2016년 9월 SK텔레콤에서 출시한 국내 최초의 인공지능 비서입니다. 스피커나 스마트폰으로 이용할 수 있습니다. 음악 재생, 음식 배달 주문이 가능하고, 뉴스와 날씨 정보를 제공하며, 집 안의 조명과 가전제품을 조절할 수 있습니다.

두미

2016년 중국 검색 엔진 바이두에서 출시한 인공지능 비서입니다. 스마트폰과 로봇으로 이용할 수 있어요. 식당 예약, 음식 배달 주문, 영화 티켓 예매를 음성으로 할 수 있습니다.

기가 지니

2017년 1월 출시된 KT의 인공지능 비서입니다. 스피커로 이용할 수 있으며 음악 재생, 뉴스 검색, 가전제품 제어를 할 수 있습니다.

빅스비

2017년 3월 출시된 삼성전자의 인공지능 비서입니다. 삼성 스마트폰 갤럭시 S8에 탑재되어 있어요. 사용자의 음성에 따라 정보를 검색하고 앱을 열어 줍니다. 카메라로 사물, 이미지, 문자, QR코드를 인식해 정보를 제공해 줍니다. 카메라로 특정 제품을 찍으면 온라인 구매를 할 수 있도록 쇼핑까지 연결해 줍니다.

검색 엔진과 추천 서비스

인터넷에서 자료를 쉽게 찾을 수 있도록 도와주는 소프트웨어를 검색 엔진이라고 합니다. 대표적인 검색 엔진으로는 구글이 있습니다. 전 세계 사람들이 구글에서 하루 약 12억 번의 검색을 합니다.

검색 엔진도 인공지능이 있습니다. 인공지능 검색 엔진은 사용자가 입력한 검색어와 사용자가 선택한 정보가 어떤 연관성이 있는지를 학습합니다. 그리

집중탐구 음성 인식 기술

컴퓨터 시대에 마우스가 있고, 스마트폰 시대에 스크린 터치가 있다면, 인공지능 시대가 시작되면서는 음성 서비스가 중요시되고 있습니다. 음성 인식 기술은 소리를 단어나 문장으로 변환시키는 기술을 말하지요. 음성 인식 기술로 두 손이 자유로워지면서 사물인터넷을 손쉽게 제어할 수 있습니다. 별도로 인공지능 프로그램의 사용법을 배우지 않고도 쉽게 이용할 수 있기 때문이지요. 그뿐만이 아닙니다. 목소리의 톤이나 느낌으로 말하는 사람의 의도를 더 정확히 알려 줄 수 있습니다. 주요 기업에서 인공지능 비서 서비스를 스피커로 이용하는 이유도 여기에 있습니다.

음성 인식 서비스는 일반적으로 음향 신호를 받아 잡음을 제거한 다음, 음성 신호의 특징을 찾아내어 이미 데이터베이스에 저장된 내용과 비교하는 방식으로 음성을 인식합니다.

2000년대 후반 본격적으로 소개된 음성 인식 기술은 애플의 시리, 구글 나우와 같은 인공지능 비서 서비스 외에도 일본 NTT도코모의 샤베테콘쉐루 같은 외국어 통역 서비스와 홈 제어 시스템에도 이용할 수 있습니다. 음성 인식 기술 개발은 아직 걸음마 단계이기는 하지만 인공지능과 밀접한 관계를 갖고 있기 때문에 앞으로 더욱더 발전할 것입니다.

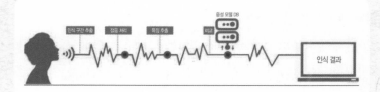

▌ 음성 인식 기술의 진행 과정

고 그 학습 결과를 토대로 사용자에게 검색어 순위를 바꾸어 보여 줍니다.

그리고 이렇게 모인 빅데이터를 근거로 사용자에게 유용한 내용을 추천합니다. 구글 검색엔진에서는 사용자의 관심을 끄는 광고를 띄우고 유튜브에서는 비디오를 추천합니다. 그리고 아마존에서는 상품을 추천하지요.

챗봇

페이스북의 마크 주커버그는 메신저와 인공지능을 결합한 챗봇인 '메신저 봇(Messenger Bot)'을 개발합니다. 메신저는 1990년대 중반부터 컴퓨터를 이용해 문자로 대화하는 프로그램입니다. 우리나라에서는 전 국민의 80%가 이용한다는 카카오톡이 있습니다.

챗봇은 사용자가 웹 사이트나 앱을 따로 실행하지 않고도 대화하듯 정보를 얻을 수 있는 서비스입니다. 채팅하는 로봇이지요. 정해진 규칙에 따라 질문에 대답할 수 있도록 만들어져 있습니다. 챗봇은 모르는 정보를 알아낼 수도 있고 호텔, 병원, 영화 등을 예약할 수 있습니다.

기계번역

기계번역은 컴퓨터 소프트웨어가 문장을 다른 언어로 바꾸어 표현하는 것을 말합니다. 인공지능의 초창기부터 시도됐지만, 실패를 거듭해 왔어요. 처음에는 문장의 구조를 분해해서 단어의 의미와 문법적인 구조를 따져서 문장을 번역했습니다. 하지만 이 과정에서 문제점이 많이 나왔습니다.

하지만 딥러닝 기술 덕분에 기계 번역의 정확성을 높이게 되었답니다. 정확한 번역을 위해서 이제는 문장 단위로 번역합니다. 번역하려는 영어 문장과 우리말 문장을 한 쌍으로 보고, 이 한 쌍의 문장을 학습 데이터로 삼아 수백만 개의 문장 중에서 가장 정확한 문장을 찾아냅니다.

보다 빠르고 정확해진 인공지능 번역은 건설, 물류, 제조 등 다양한 분야에서 유용합니다. 빠르게 변화하는 고객의 취향과 시장의 흐름을 분석해서 바로 상품을 판매할 수 있습니다. 또한 실시간으로 후기를 번역해서 고객의 반응을 보며 상품 개발을 할 수도 있어요.

최근에는 사전 없이도 두 개 언어를 번역할 수 있는 기능도 나왔습니다. 똑같은 내용의 원문을 문장 단위로 번역해 두 개의 언어로 옮길 수 있는 것이죠. 인간이 가르쳐 주지 않고 스스로 학습한 결과입니다. 각 단어 간 관계를 지도로 그린 후에 이들을 세트로 묶어 번역합니다. 그리고 번역한 문장을 원래대로 되돌리는 번역을 거치면서 문장이 정확해집니다.

구글의 신경망 번역

구글 번역기의 성능을 크게 발전시킨 번역 인공지능입니다. 인공 신경망 번역은 2016년부터 도입되었습니다. 초기에는 문장을 구문으로 나누어 대응되는 단어를 찾아 번역했습니다. 지금은 문장 전체를 이해한 뒤 가장 의미가 가까운 단어와 구문을 찾아 문장을 만들어 냅니다. 구글 번역 총괄 연구원인 마이크 슈스터는 인공 신경망 번역 이후, 중국어-영어 번역 점수가 6점 만점에 4점에서 4.6점으로 개선되었다고 했습니다. 그리고 이제 한국어-영어, 일어-영어 번역을 학습하면 한국어-일어 번역도 할 수 있습니다. 현재 이를 적용해 103개의 언어를 빠르게 학습해서 번역하고 있습니다.

파파고

우리나라 네이버의 기술 연구소인 네이버랩스가 만든 인공 신경망에 기반을 둔 번역기입니다. 인공지능이 빅데이터를 스스로 학습해 번역에 반영하지요. 현재 파파고는 한국어, 중국어, 일본어, 영어, 스페인어, 프랑스어 총 6개의 번역 서비스를 제공하고 있습니다.

전문가 인공지능

다른 인공지능이 학습으로 문제의 해결 방안을 찾는다면, 전문가 인공지능은 오랜 기간 인간이 쌓아 온 전문 지식을 입력해 두었다가 필요할 때 빠르게 지식을 찾지요. 특정 분야에서 전문가인 인공지능은 해당 영역에서 인간보다 정확하게 작업을 수행할 수 있습니다. 인간이 일자리를 빼앗길 수 있는 것이지요. 이미 연말 정산 프로그램이나 온라인 세금 납부와 같이 기존에 세무사가 담당하던 일을 컴퓨터가 맡아서 하고 있습니다. 물론 인공지능이 인간보다 빠르게 자료를 찾고 수집하지만, 그 자료로 정확한 분석을 하는 것은 아직 인간입니다. 그래서 일부 전문직은 인간과 인공지능이 함께하는 시스템으로 바뀌어 가고 있습니다.

인공지능 의사 왓슨

인공지능 왓슨은 90대로 이루어진 슈퍼컴퓨터에서 질병을 진단하고 가장 알맞은 진료 방법을 스스로 선택합니다. 2013년 세계에서 가장 유명한 메모리얼 슬론-캐터링 암센터에서 그 모습을 드러냈어요. 왓슨은 1500건의 폐암 사례와 200만 장의 자료를 제시했습니다. 왓슨이 제공한 자료와 진단 덕분

▌미국 IBM의 슈퍼컴퓨터 왓슨

에 폐암 치료법의 정확도가 40%에서 90% 이상으로 올라갔답니다.

인공지능 변호사 로스

로스는 왓슨의 플랫폼이 탑재된 슈퍼컴퓨터입니다. 로스는 자연어 처리 기술을 사용합니다. 사람의 일상 언어를 알아듣고, 법률 문서를 분석한 후 알맞은 답을 내놓을 수 있습니다.

인공지능 변호사는 엄청나게 많은 법과 판례를 검토할 수 있습니다. 1초에 10억 장의 판례를 분석해서 가장 적절한 판례를 추천할 수 있답니다. 인간이 도저히 할 수 없는 일이지요. 2016년 미국 뉴욕의 대형 법률회사에 파산 전문 변호사로 취업해 50여 명의 변호사와 함께 일하고 있습니다.

실제로 선고에 활용된 적도 있어요. 2017년 5월, 미국 위스콘신주 대법원이 총격 사건과 연루된 차량을 운전한 혐의로 기소된 피고인을 AI 기기 '컴퍼스'로 분석해 징역 6년을 선고했습니다.

인공지능 변호사 로스는 방대한 분량의 자료를 분석할 수 있습니다. 그러나 인간이 할 수 있는 설득, 공감, 직관은 스스로 할 수 없습니다. 아직은 인간 변호사를 대신하기는 어려워 보입니다.

인공지능 금융분석가 켄쇼

켄쇼는 금융 관련 정보를 검색하는 '워런'을 사용하는 인공지능입니다. 사람이 질문하면 그 자료를 조사해서 보고서를 만들지요. 전문가 15명이 할 일을 5분 만에 해내는 빠른 자료 조사 능력을 갖추고 있습니다. 6500만 개 이상의 질문에 동시에 답할 수 있어요. 무엇보다 인공지능 금융 전문가는 인간처럼 감정에 휘둘리지 않습니다. 객관적인 정보에 따라 분석하고 실행할 수 있다는 것이 가장 큰 장점입니다.

인공지능 예술가

인공지능은 정확한 자료를 수집하고 냉철하게 판단해야 하는 분야에서 발달합니다. 그렇다면 인간의 감성을 표현하는 예술 분야에서도 과연 인공지능이 설 자리가 있을까요?

인공지능을 연구하는 사람들에게 이러한 질문은 무의미해 보입니다. 기업들은 이미 미술, 음악, 문예와 같은 예술 분야에까지 인공지능 기술을 활용하고 있습니다.

딥 드림

딥 드림(Deep Dream)은 구글에서 만든 인공지능 로봇 화가입니다. 주어진 이미지를 보고 추상화로 내용을 표현하지요. 이미지를 합성하는 알고리즘인

▌딥 드림이 전시회에서 선보인 그림

'인셉션니즘'을 로봇에 입력해서 사진 정보를 바탕으로 이미지를 다시 만들어 냅니다. 딥 드림은 이미 전시회도 열었어요. 딥 드림이 전시회로 벌어들인 소득이 1억 1600만 원 정도였다고 하니 사람들이 어느 정도 관심을 갖고 있는지 알 수 있겠지요.

더 넥스트 램브란트

인공지능으로 이미 세상을 떠난 화가의 재능을 되살리려는 시도도 하고 있습니다. 바로 램브란트의 작품을 그려 낼 인공지능 '더 넥스트 램브란트'입니다. '더 넥스트 램브란트'는 마이크로소프트사와 램브란트 미술관, 네덜란드 과학자들이 개발한 인공지능 화가입니다.

안면 인식 기술로 램브란트의 작품을 분석한 데이터를 모아 램브란트 화법을 3D 프린팅으로 그대로 재현해 냅니다. 딥 러닝으로 스스로 데이터를 찾고 학습하며 작품을 만든답니다.

▌ 더 넥스트 렘브란트의 작품

아론

'아론'은 영국 예일대학의 교수 헤럴드 코엔이 개발한 로봇 화가입니다. 아론은 사람의 도움 없이 색과 형체를 그려 내요. 입력된 사물과 신체 정보를 기본으로 인공지능 스스로 색과 모양을 판단해 또 다른 그림을 그려 냅니다.

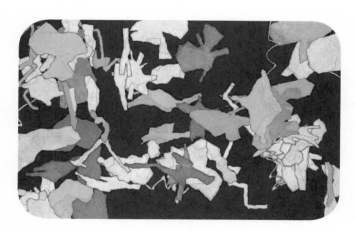

▌ 아론의 추상화 작품

마젠타

2016년 구글에서 만든 인공지능 작곡가입니다. 4개의 음표로 80초짜리 피아노곡을 작곡할 정도의 능력을 갖추었어요. 아직은 단순한 곡을 만드는 수준이지만 많은 사람들이 좋아할 음악을 만들 것으로 기대하고 있습니다.

▌ 마젠타는 인공지능 작곡가이다.

유우레이 라이타

문학계에서도 인공지능이 시도되고 있습니다. 일본에서는 인공지능이 공모전 심사를 통과하기도 했어요. 바로 일본의 인공지능 작가 '유우레이 라이타'입니다. 일본 니혼게이자이 신문의 호이 신이치상 공모전에 11개 작품을 출품해서 1차 심사를 통과했습니다. 통과한 작품의 제목은 '컴퓨터가 소설 쓰는 날'이지요.

예를 들어 등장인물의 성별 등을 미리 설정해 놓고, 오늘의 날씨나 할 일 등을 입력하면 인공지능이 적합한 단어를 선택해 단락을 완성합니다. 아직은 인공지능 스스로 상상력과 창의력을 발휘하지는 못합니다. 소설의 80%

는 사람이 참여했어요.

인공지능 로봇

로봇은 사람과 비슷한 모습과 기능을 가진 기계를 말합니다. 로봇 기술 연구는 1940년대부터 시작되었습니다. 처음에 로봇은 산업 현장에서 단순한 일이나 위험한 일을 맡아서 했지요. 하지만 이후 휴머노이드와 같이 인공지능을 탑재한 로봇까지 연구하게 되었습니다. 최근에는 사물인터넷과 같은 정보통신 기술이 발달하면서 인공지능 로봇이 가정으로 들어오기 시작했습니다. 처음에는 정보를 제공하는 일을 주로 해 왔지만, 이제 사람의 감정을 인식하고 반응을 보이는 것까지 연구되고 있습니다.

페퍼

2014년 소프트뱅크가 개발한 감정 인식 로봇입니다. 페퍼는 감정을 인지하고 그에 맞는 말과 행동을 할 수 있습니다. 인터넷 서버와 통신해 클라우드에 데이터를 저장하는 것이 특징입니다. 4개 국어를 할 수 있고, 주변 상

▌ 2014년 소프트뱅크가 개발한 감정 인식 로봇 '페퍼'

황을 스스로 인식하고, 자연스러운 언어로 대화할 수 있습니다. 서비스업 현장과 가정에서 활용될 수 있습니다. 현재 우리나라에서도 병원과 은행, 공항, 쇼핑몰 등에서 활용되고 있어요. 간단한 질문에 대한 답이나 메뉴 추천 등의 일을 잘합니다.

지보

지보(Jibo)는 매사추세츠공과대학(MIT)에서 개발한 가정용 소셜 로봇입니다. 가족들을 위한 동반자 로봇으로 개발되었죠. 얼굴 인식, 음성 인식 기능을 갖추고 있어요. 뉴스, 날씨 등 정보를 제공하고 사진 촬영도 할 수 있습니다. 가족과 춤도 추고 대화를 나눌 수 있습니다. 기존에 나와 있는 인공지능 스피커에 비해 특별히 성능이 뛰어난 것은 아니지만, 재미있고 귀엽습니다.

▌ 온 가족을 위한 동반자 로봇 지보

자율주행 자동차

자율주행 자동차는 인간이 운전하지 않고 인공지능이 도로 상황을 파악해 운전합니다. 자동차, 소프트웨어, 인공지능, 통신 기술, 센서 기술이 함께

작용해야 하는 기술입니다.

교통사고의 90% 이상이 운전자의 실수에 의한 것이라고 합니다. 하루에도 수많은 사람들이 교통사고로 사망하거나 다치기 때문에 인공지능에 의한 자율주행은 인명과 재산 피해를 줄여 줄 것으로 기대됩니다.

자율주행 자동차의 자동화 단계는 0~4단계로 나누어집니다. 가장 높은 4단계가 운전자의 조작이 전혀 필요 없는 완벽한 자율주행입니다. 2단계 자율주행은 차와 차 사이의 거리를 유지하며 속도 조절을 하고 장애물을 피하는 정도의 수준입니다. 3단계는 목적지를 입력하면 자동차 스스로 경로를 설정해 목적지에 도달합니다. 현재는 이 3단계 기술을 완성하기 위해 노력 중입니다.

자율주행은 인공지능 기술을 기반으로 도로상의 각종 데이터를 수집하면서 학습이 진행됩니다. 수십만 번의 도로 주행이 필요하겠지요. 전문가들은 2035년경에는 완벽한 수준의 4단계 자율주행 기술이 완성될 것으로 예상하고 있습니다.

구글카

구글에서 제작 중인 자율주행 차량입니다. 2009년 시범 운행을 시작했습니다. 현재 2020년 출시를 목표로 하고 있지만, 아직 3단계에 머물러 있습니다.

■ 3단계 자율주행 자동차인 구글카

사례탐구 IT 기업의 인공지능 투자

구글, 마이크로소프트, 페이스북, 애플과 같은 글로벌 IT 기업이 인공지능 분야에 활발하게 투자하고 있습니다. 인공지능 기술을 갖춘 벤처기업을 인수하기도 하고, 관련 기업에 투자하기도 하지요.

구글은 2010년 설립된 영국의 딥마인드를 인수했습니다. 그 후 딥마인드의 알파고가 세계 바둑 챔피언을 꺾었습니다.

마이크로소프트는 2016년 1월 마이크로소프트 벤처를 설립했습니다. 포괄적인 성장을 가져오고 사회에 긍정적인 영향을 주는 인공지능 관련 상품 및 서비스 개발을 목표로 하고 있습니다.

페이스북은 세계 3개국에 인공지능 개발연구소 FAIR(Facebook AI Research)를 설립하고 인공지능을 연구 중입니다.

애플은 2015년 케임브리지대학 벤처기업 보컬 IQ을 인수했습니다. 보컬 IQ는 '기계 학습 기술을 이용해 자연스러운 대화를 실행하는 시스템'을 연구 중입니다. 이 기술은 애플사의 인공지능 음성 인식 비서 시리의 대화 기능에 적용될 예정입니다. 또한 보컬 IQ는 같은 기술로 제너럴모터스와 제휴했습니다.

　인텔은 인텔캐피털을 통해 인공지능 벤처기업에 자금을 많이 투자했습니다. 투자 분야는 자동 운전 기술, 의료, 기후 변화 등 다양합니다. 특히 클라우드 인공지능 데이터 서비스인 마이티 AI와 누구나 간단히 이용할 수 있는 기계학습 플랫폼인 데이터 로봇, 의료 매니지먼트 분석을 하는 루미아타에 투자했어요.

　이처럼 IT 기업들은 인공지능 분야에 많은 투자를 하면서 산업의 흐름을 바꾸어 나가고 있습니다.

간추려 보기

- 인공지능 기술은 현재 다양한 영역에서 우리 삶에 들어와 있다.
- 구글, IBM, 마이크로소프트와 같은 글로벌 IT 기업들은 다양한 인공지능 프로그램에 투자하고 있다.
- 스피커 모양의 인공지능 비서, 검색 엔진과 추천 서비스, 챗봇은 우리 생활에서 흔히 쓰이는 인공지능 기술이다.
- 인공지능의 기계 번역은 점차 발전하고 있다.
- 금융 분석과 변호사 업무 등 특정 분야를 전문으로 하는 인공지능도 현장에서 활동하기 시작했다. 인공지능 예술가도 작품을 만들고 전시회를 연다.
- 아직 단순하지만 인공지능 로봇도 가정이나 쇼핑몰에서 볼 수 있다.
- 운전자 없이 인공지능의 판단에 의해 움직이는 자율주행 자동차가 업그레이드되고 있다.

5
CHAPTER

인공지능과 함께 다가올 미래

인공지능이 함께하는 미래는 더없이 편리한 세상으로 보입니다. 인간은 건강하게 오래 살며, 힘든 일은 인공지능 로봇에게 시키고, 남는 시간에 VR이나 하며 지낼 수도 있어요. 국가 시스템, 의료, 사회, 경제 모든 분야에서 인공지능은 인간에게 큰 영향을 줄 것입니다. 하지만 인공지능이 인간의 지능을 뛰어넘는 날이 올까요? 그렇게 된다면 이 세상은 어떻게 달라질까요?

미래의 삶은 보다 편리할 것입니다. 인공지능 비서가 일정을, 인공지능 의사가 건강을 관리해 줄 것입니다. 인공지능 번역과 통역 덕분에 다른 외국어를 배우지 않아도 전혀 불편함을 느끼지 못합니다. 운전면허를 따지 않아도 차량으로 편하게 이동할 수 있지요. 하지만 인공지능이 인간의 지능을 뛰어넘는다면 어떤 일이 벌어질까요? 인공지능이 함께하는 세상은 더없이 편리한 미래일까요, 인간을 위협하는 위험한 미래일까요?

인공지능으로 연결되는 사물인터넷 시대

미래에는 영화 〈아이언맨〉에 등장하는 비서 '자비스'와 같은 인공지능 비서가 한 대씩 우리 곁에 함께할 수 있습니다. '자비스'는 위험에 닥친 아이언맨에게 그의 수트를 보냅니다. 수트에 남은 연료를 계산하고, 적에 대한 정보를 수집해 아이언맨에게 알려 줍니다. 그뿐만이 아닙니다. 집 안의 모든 시스템이 서로 연결되어 있는데, 자비스가 이것을 조절합니다. 믹서에 아이언맨의 건강에 좋은 주스를 갈아 놓고, 아이언맨의 기분에 맞는 음악을 틀어 놓습니다. 아이언맨이 자비스에게 명령을 내리기만 하면, 자비스가 알아서

집 안팎의 모든 사물을 조절합니다.

사물인터넷 시대에 인간은 말 한마디로 집 안의 환경을 조절하고, 원하는 정보를 얻을 수 있습니다. 음식을 하지 않아도 먹고 싶은 음식이 요리되어 있습니다. 건강을 위한 약도 제때 챙겨 먹을 수 있도록 준비가 되어 있습니다. 손 하나 까딱하지 않아도 내가 원하는 것을 누릴 수 있습니다. 이것이 바로 사물인터넷 기술이 발달한 미래의 모습입니다.

인간의 개입 없이 인터넷을 통해 사물과 사물이 연결되어 정보를 주고받는 것이 사물인터넷입니다. 지금도 사물인터넷 기술은 우리 생활에 들어와 있습니다. 네트워크에 연결된 각종 기기들을 우리는 이미 사용하고 있습니다. 스마트폰을 대신하는 스마트 워치, 블루투스 헤드셋, 입을 수 있는 기기(웨어러블 디바이스)와 같이 말이죠.

사물인터넷은 이에 머무르지 않고 더욱 발전할 것입니다. 많은 기업들이 사물인터넷 사업에 투자하고 있기 때문입니다. 미래에는 사물인터넷이 사물과 사물을 연결하는 수준에서 더 나아갈 것으로 보입니다. 인간도 사물과 연결되어 네트워크의 일부가 되는 것이지요.

인간과 기계의 결합

기기와 결합된 흉측한 프랑켄슈타인이 아니라, 아이언맨과 같은 능력자가 될 수 있습니다.

사물인터넷으로 인간의 신경을 연장할 수도 있어요. 우리 몸속의 신경은 뇌의 명령을 온몸에 전달합니다. 그리고 감각 기관을 통해 얻은 몸 안팎의 정보를 뇌에 전달합니다. 신경에 사물인터넷을 연결하면 모든 사물을 내 몸의 신경처럼 쓸 수 있습니다. 바로 인간이 네트워크에 직접 연결되는 것이지요. 생각만으로 TV를 켜고 자율주행 자동차를 움직일 수 있습니다. 손이나 입으로 명령을 입력하는 대신 생각하는 속도 그대로 정보를 찾을 수도 있어요. 모든 인간과 인공지능이 연결된 세상이 오는 것입니다.

인공지능과 빅데이터의 연결이 가져올 의학의 발달

미래에는 인간 의사보다 정확한 데이터를 가진 인공지능 의사가 환자를 진단하게 될 것입니다. 영화 〈프로메테우스〉에서 몸에 이상을 느낀 주인공이 의료 부스로 들어갑니다. 진단과 수술이 가능한 의료 부스 안에 들어가기만 하면 몸의 모든 상태를 검사해 정확한 진단을 내립니다. 그 안에서 수술까지 받을 수 있습니다. 멀리 병원을 찾아갈 필요도, 장시간 검사 결과를 기다릴 필요도 없습니다. 충분히 축적된 빅데이터만 있으면 진단부터 치료까지 다 가능합니다.

전 세계 의학 논문은 7년마다 2배씩 늘어난다고 합니다. 그만큼 정보가 쌓이면서 의학 기술이 발달하고 새로운 치료법도 개발하게 되는 것이지요. 사실 인간 의사가 이 많은 데이터를 모두 훑어보고 환자를 진료하기는 어렵습니다. 빅데이터와 연결된 인공지능 의사라면 다르겠지요. 정보가 많을수록 더 정확한 진단을 내릴 수 있습니다. 또한 인간 의사라면 미처 다 확인할 수 없는 환자 개개인의 검진 목록까지도 인공지능 의사는 활용할 수 있습니다. 진단은 더욱더 정확해지겠지요.

그렇다면 미래에는 인간 의사가 필요 없을까요? 미래를 다룬 영화들을 보면 인간 의사가 보통 나오지 않아요. 영화 〈프로메테우스〉에서처럼 말이죠. 정확한 진단을 내리는 의료 부스만이 나오지요. 물론 인간 의사가 등장하는 미래 영화도 있습니다. 바로 영화 〈패신저스〉입니다.

영화 〈패신저스〉는 동면 상태로 외계 행성을 향해 오랜 시간 여행하는 승객들에 대한 이야기입니다. 동면 상태에서 깨어난 사람들이 의료 진단 부스에 들어가 세포 스캐닝까지 받습니다. 곧바로 진단이 나옵니다. 세포들이 다 죽어 가는 안타까운 상황이었죠. 인공지능 의료 진단 부스가 말합니다.

"당신 세포가 살아날 가능성은 0%입니다. 당신은 이제 죽어 가는 몸입니다. 당신이 조금 덜 아프게 죽어 갈 수 있게 해 주는 약이 여기 있습니다."

전문가 의견

데이터가 더 많다면 지금보다 훨씬 더 많은 생명을 구할 수 있습니다.

— 캐롤린 맥그리거 박사 캐나다 온타리오대학

안타까워하는 대신 약이 후드득 쏟아집니다.

의술 자체는 이제 더 이상 인간 의사가 인공지능 의사보다 훌륭하다고
할 수 없을지도 모릅니다. 그래도 인간 의사가 계속 존재해야 한다면 그 이
유는 무엇일까요? 인간에게는 감정이 있어서 기쁨과 슬픔을 함께 나눕니다.
공감을 하는 것이지요.

단지 인체를 물리적으로 치료하는 것만이 의학이라고 할 수 없습니다. 아
픈 사람과 고치는 사람 사이에 애정과 신뢰가 오갈 때 더 좋은 효과를 보인
사례를 우리는 많이 보아 왔습니다.

인공지능과 빅데이터를 이용한 국가 시스템

인공지능과 빅데이터가 사용되는 미래의 국가 모습은 어떨까요?

빅데이터 분석은 이미 정치에 이용되고 있는데요. 앞으로도 국가적으로
널리 활용될 것으로 보입니다.

2011년 미국 대통령 선거에서는 새로운 시도가 있었습니다. 선거운동 과
정의 모든 것을 데이터로 바꾸어 저장해 사용했지요. 구글처럼 데이터가 의

사 결정의 기준이 되는 것입니다. 과거에는 선거에서도 인간의 직감을 많이 따랐는데 그것을 뒤집은 것이지요.

　오바마 캠프의 선거원들은 노트북과 스마트폰, 태블릿 PC를 가지고 유권자를 만났습니다. 유권자 데이터베이스를 확보해 이를 분석하기 위함이었죠. 인종, 종교, 나이, 가구 형태, 소비 수준뿐만 아니라 과거 투표 여부, 구독 잡지 등 다양한 정보를 수집해 유권자 맞춤형 선거 전략을 펼쳤습니다. 인공지능이 빅데이터를 분석한 결과를 토대로 유권자들을 설득한 것입니다. 오바마 캠프는 적은 비용을 들이고도 효과적으로 선거 운동을 할 수 있었습

영화 〈이글아이〉에 나오는 슈퍼컴퓨터 '아리아'. 전 세계의 디지털 자료를 모아 테러를 예방한다.

니다.

훗날 인공지능으로 빅데이터를 분석하는 시스템이 정치, 경제, 사회, 문화에서 위력을 발휘하게 될 것입니다. 그때는 정보를 거머쥔 채 이를 손쉽게 활용하는 극소수의 사람들이 따로 존재할 수 있습니다. 그들은 자신들이 원하는 대로 국가를 좌지우지할 수도 있습니다.

앞으로 정권을 잡은 사람들은 국가를 유지하기 위해 빅데이터와 인공지능을 사용할 것입니다. 영화 〈이글아이〉에서는 슈퍼컴퓨터 아리아를 이용해 전 세계의 디지털 자료를 모으고 이를 활용해 테러를 예방합니다. 등장인물이 지하철 안에서 다른 승객들이 가지고 있는 스마트폰이나 거리의 CCTV, 인터넷, 현금 인출기 등을 통해 명령을 내리는 장면이 나와요.

앞으로는 빅데이터를 모으고 이를 인공지능이 분석하고 활용해 국가 권력을 만들고 지키는 식으로 국가가 유지될 것으로 보입니다.

인공지능과 빅데이터, 정보통신 기술을 이용한 도시

인공지능과 정보통신 기술을 이용해 도시를 더욱 안전하고 편리하게 만들 수 있습니다. 그 기술이 바로 스마트 시티입니다. 스마트 시티는 교통, 치안, 상하수도 시스템 등 도시의 가장 기본적인 기능을 담당합니다.

2054년을 배경으로 한 영화 〈마이너리티 리포트〉를 보면 미래의 도시 모습을 상상할 수 있습니다. 캡슐처럼 생긴 자동차에는 핸들이 없습니다. 완전 자율주행 자동차이지요. 교통 체증이란 존재하지 않습니다. 빠른 속도로 복잡한 도로를 달리는 자율주행 자동차들은 목적지가 아니면 멈추는 일이 없어요. 도로가 인공지능 시스템에 의해 통제되고 있기 때문이지요.

우리나라도 스마트 시티를 추진하고 있습니다. 계획도시로 세워진 세종시가 그 예입니다. 3단계에 걸친 사업에서 1단계에서는 초기 단계로 도시종합정보센터를 만들어 방범과 교통 서비스를 제공하고 있습니다. 2단계에는 긴급 구조, 화재 예방 등 재난에 대응할 수 있는 시스템을 계획하고 있습니다. 3단계는 완성 단계로 인공지능과 로봇이 접목된 스마트 시티가 완성되는 것을 목표로 하고 있습니다.

▌ 사물인터넷으로 모든 것이 연결된 미래 도시 스마트 시티

스마트 시티는 치안에도 효과적입니다. 도시에 설치된 수많은 CCTV 덕분이지요. 돌발 상황이 발생하면 각각의 CCTV에서 모인 빅데이터가 엄청난 힘을 발휘합니다. 특정 사건의 영상 정보가 자동으로 제공되고, 즉시 신고가 접수됩니다. 사고를 처리하기 위해 기능별로 다양한 로봇 경찰들이 출동합니다. 이렇게 문제가 해결되기까지 사람이 끼어들 필요는 전혀 없습니다.

이러한 시스템을 가동하려면 전력이 많이 필요한데요, 이것도 인공지능이 해결할 수 있어요. 원래 있던 전력망에 인공지능이 결합되면 스마트 그리드 기술이 됩니다. 현재 도시에서는 전력을 10% 정도 여유 있게 생산해서 만약을 대비하지요. 하지만 스마트 그리드 기술이 시행되면 빅데이터를 통해 정확하게 전력 수요량을 예측해 그만큼만 생산하기 때문에 낭비되는 전력이 없습니다.

인공지능과 산업 구조 변화

인공지능은 특히 제조업에 큰 변화를 일으키고 있는데요, 제품 생산 과정에 사람이 개입할 필요가 없어지는 것이지요. 대신 공업용 로봇들이 순식간에 제품을 조립합니다. 이렇게 돌아가는 공장이 바로 스마트 팩토리입니다. 스마트 팩토리는 인공지능 시스템과 로봇 시스템을 이용합니다. 그래서 인간의 노동력이 들어가는 일은 현저히 줄어듭니다. 인간이 일을 할 때는 한계점이 여럿 있습니다. 중간 중간 휴식 시간을 가져야 하고, 건강을 위협하는 좋지 않은 환경에서는 일하지 못하지요. 인공지능과 로봇을 이용하면 휴식과 환경에 대해 고려할 일이 확연히 줄어들지요. 짧은 시간에 훨씬 더 많은 제품을 생산할 수 있음은 물론이고요.

▮ 로봇이 만드는 아디다스 운동화

재고 관리와 생산 관리도 알아서 합니다. 기계와 기계가 직접 통신을 하면서 업무를 해 나가기 때문이지요. 스마트 팩토리를 이용한 기업들이 늘어나면서 유럽에서는 저렴한 인건비 때문에 개발도상국으로 옮겨 가야 했던 공장들이 다시 자국으로 돌아가고 있습니다.

금융업은 어떻게 변화할까?

인공지능과 정보통신 기술이 금융과 손잡습니다. 이미 핀테크 즉 금융(financial)과 기술(technology)이 결합한 금융 상품이 나오고 있지요. 예전에는 직접 은행에 가서 금융 업무를 보았어요. 요즘은 금융 서비스를 이용하는 것이 신용카드를 이용하는 것보다 더 간편해지고 있습니다. 은행에 가지 않고도 스마트폰으로 계좌를 만들어 간편하게 결제할 수 있습니다. 비트코인과 같은 가상화폐까지 등장해서 실제 유통되기도 하고, 금융 투자에도 사용할 수 있습니다.

금융 상품을 추천하고 투자하는 일도 로봇이 하게 됩니다. 로봇 어드바이저라고 하지요. 많은 데이터를 분석해 투자를 대행해 주는 로봇입니다. 인간과는 비교도 할 수 없을 정도로 많은 데이터를 분석할 수 있기 때문에 보다 적절한 투자를 진행할 수 있습니다.

인공지능으로 인한 산업 발전은 경제 구조에도 영향을 미칩니다. 먼저 인공지능을 활용해 금융 직거래를 할 것입니다. 은행을 거치지 않고 직접 실시간으로 해외 송금을 할 수 있고, 아무 제약 없이 실시간으로 송금할 수 있습니다. 은행은 개인들의 직거래를 연결해 주는 중계 시스템으로서 운영될 것입니다.

인류는 지금까지 생활 방식과 사회·경제 시스템을 확 바꾼 세 번의 산업혁명을 거쳤습니다. 첫 번째, 신석기 혁명으로 곡물을 재배하면서 수렵 사회에서 농경 사회로 이동했지요. 18세기 증기 기관의 발명으로 기계가 일부 인간의 노동력을 대체했습니다. 20세기 초 전기 에너지를 활용한 발전기가 도입되면서 두 번째 산업혁명을 맞이합니다. 세 번째 산업혁명

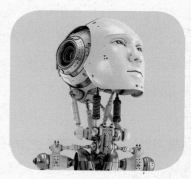

▌ 4차 산업혁명의 성공 여부는 인공지능의 미래에 달려 있다.

은 정보화 시대를 열었습니다. 인터넷과 컴퓨터 기술이 등장해 업무 효율이 높아졌지요. 인류는 이제 인공지능 기술 등의 발달로 4차 산업혁명을 맞이하고 있습니다.

인류의 산업혁명을 이끈 것은 과학 기술이었습니다. 증기 기관, 발전기, 컴퓨터와 인터넷이 산업혁명을 이끌었지요. 4차 산업혁명은 인공지능, 로봇 기술, 생명 과학 등이 주도하는 새로운 산업혁명입니다. 주로 인공지능을 통해 제조업과 정보통신 기술을 융합하는 산업이 탄생할 것입니다.

여기 4차 산업혁명이 기존의 산업혁명과 다른 큰 차이점이 하나 있습니다. 바로 지금까지의 산업혁명과는 달리 인공지능에 의해 정신노동도 대체될 수 있다는 점인데요, 다시 말해, 지금까지 모든 산업혁명은 인간 주도 아래, 육체 노동력만 기계가 보완했지만, 앞으로는 인간의 정신노동의 일부를 인공지능이 보완해 준다는 것입니다. 이것이 4차 산업혁명 시대에 인공지능에 대해 가장 기대하면서도 우려하는 점입니다.

인공지능이 발달하면서 중요한 의사 결정 외에는 인공지능이 거의 모든 일을 하게 되므로 1인 기업이 늘어날 수 있습니다. 저렴한 인건비 덕에 선진국의 공장을 유치하던 개발도상국들에 인공지능은 경쟁자가 될 수밖에 없습니다. 인공지능이 인건비를 낮춰 주어 공장을 자국에 다시 들어오게 한 선진국들은 안 그래도 쥐고 있는 세계 경제의 패권을 더욱더 확실하게 거머쥐게 될 것입니다.

미래 사회의 구조는 어떻게 변할까요?

지금까지는 세계화로 인건비가 저렴한 동남아시아 지역에 공장을 두고 제품을 생산하는 구조였습니다. 하지만 인공지능과 로봇의 발달로 비용이 저렴한 인간의 노동력은 필요하지 않게 되었어요. 인공지능 로봇이 인간을 대신해 일을 하면 되지요. 하지만 값싼 노동력을 찾아 사업을 일으키던 중산층은 이제 더 이상 그 위치에 있지 못하게 되었어요. 공장은 모두 자신의 나라로 들어갔어요. 이에 따라 인공지능 사업에 눈을 뜨지 못한 중산층은 하

▌ 인공지능 킬러 로봇이 사용되면 전쟁의 양상이 크게 달라질 것이다.

위층으로, 인공지능 사업을 이해한 사람들은 상위층으로 올라갈 수 있어요.

미래에는 인간의 수명이 길어질 것입니다. 의학 기술이 발달되었기 때문이죠. 미래 사회에서 육체노동과 같이 힘든 일을 하는 것은 로봇입니다. 그렇다면 그 남는 시간에 인간은 무엇을 하게 될까요? 단순한 노동보다는 창의적인 일을 해내는 사람들도 있겠지만, 남는 시간을 오락과 쾌락을 위해 쓰는 사람도 늘어날 것입니다.

여가 시간이 늘어나면서 사람들은 가상현실에 오래 머무르게 될 것입니다. VR기를 착용하면 여행과 게임, 취미 활동도 가상현실 안에서 해결할 수 있습니다. 가상현실은 더욱더 활용 범위가 커질 것입니다. 가상현실에서 회의도 할 수 있을 것입니다. 가상현실 기술은 소셜 네트워크로 확산될 것입니다.

가상현실뿐 아니라 혼합된 현실을 나타내는 것을 MR혼합현실이라 부릅니다. 현실 세상에 가상의 물체를 홀로그램 등을 이용해 보여 주는 기술이 대표적입니다.

인공지능과 전쟁

인공지능이 전쟁에 뛰어들면 어떤 일이 일어날까요?

최근 러시아가 인공지능 미사일, 인공지능 드론, 인공지능 로봇을 개발 중인 사실이 알려졌습니다. 특히 러시아의 전술 미사일 개발 회사의 최고경영자는 "러시아가 적국의 방어 레이더망을 실시간으로 탐지하고 데이터를 분석하면서 스스로 방향, 고도, 속도를 바꾸고 목표물을 지정해 파괴할 수 있는 인공지능 미사일을 개발하고 있다"고 했습니다. 스스로 목표물을 설정하고 자율 비행하는 인공지능 미사일은 기존의 미사일에 비해 훨씬 더 폭발적인 위력을 지닌 무기가 될 것입니다.

미국도 군사용 로봇 '이트르'를 개발 중입니다. 이트르는 자연 상태의 풀과 나무를 이용해 스스로 연료를 만들어 내고 충전하면서 스스로 판단을 내려 작전을 수행할 수 있습니다.

이렇게 전쟁 중에 스스로 판단을 내릴 수 있는 인공지능에 대해 많은 사람들이 걱정하고 있습니다. 언제든 인간에게 해로운 판단을 내릴 수 있기 때문이지요.

특히 '킬러 로봇'의 등장은 사람들이 가장 걱정스러워하는 부분 중 하나입니다. 킬러 로봇은 전쟁터에서 적군을 살상하는 역할을 담당하는 인공지능 로봇입니다. 킬러 로봇은 감정 없이 기계의 판단에 따라 인간이 프로그래밍해 놓은 대로 수류탄이나 총으로 적군을 살상합니다. 인권 감시 기구는 킬러 로봇을 '사람의 의지 없이 공격하는 무기'라고 정의했어요.

그럼에도 러시아는 2016년 11월 국경 주변 6km 안에 사람과 물체를 저격할 수 있는 킬러 로봇을 배치했는데요. 정찰 무인 드론을 주요 타깃으로 삼고 있습니다. 이스라엘도 12kg의 소형 킬러 로봇을 가지고 있습니다. 우리나

전문가 의견

AI 기술을 활용한 자동화 무기는 도덕적으로 넘어서는 안 될 선을 넘는 것이다. 최악의 경우 사람이 아닌 기계가 인명의 생사를 결정할 수 있다.
– 요슈아 벤지오 AI 석학, 캐나다 몬트리올대 교수(2017년도 발언)

라에도 2010년 비무장지대에 감시 로봇이 설치되었습니다. 삼성테크원에서 만든 이 로봇은 최종 발사 명령은 인간이 하도록 설계되어 있어요.

UN에서 킬러 로봇 규제에 대해 논의하고 있지만, 인공지능을 기반으로 한 킬러 로봇은 여전히 개발 중입니다.

하지만 인공지능 로봇만이 전쟁을 일으키는 것은 아닙니다. 인공지능 그 자체가 핵미사일보다 더 무서울 수도 있습니다. 인공지능 시스템이 핵발전소의 시스템에 접속하게 된다면, 핵발전소에 오류를 일으켜 핵발전소를 폭파시킬 수도 있습니다. 그렇게 되면 인공지능은 핵무기보다 무서운 무기가 될 것입니다.

인공지능이 인간을 뛰어넘는 날

시간이 갈수록 인공지능은 우리 생활 깊숙이 들어올 것입니다. 인공지능 비서가 내 생활을 돌봐 주고, 오래 살 수 있도록 건강도 돌봐주지요. 예전보다 훨씬 더 빠르고 편리하게 이동할 수 있습니다. 힘든 노동은 하지 않아도 되고, 전기 등 에너지가 효율적으로 생산되기 때문에 보다 더 경제적이고 편안한 삶을 살게 될 것입니다. 인공지능 덕분에 평균 수명은 늘고, 삶은 더 편리해질 거예요.

하지만, 인공지능의 발달로 사람들이 위협을 받을 수도 있습니다. 1차 산업혁명 이후 기계 공업이 발달하자 손으로 물건을 만들어 팔던 수공업자들은 생활을 유지할 수 없게 되었어요. 결국 이들은 기계 파괴 운동(러다이트 운동)을 벌였지요.

이처럼 기계 문명이 발달하면 피해를 입는 사람들도 있습니다. 벌써부터 인공지능에게 일자리를 빼앗길까 봐 걱정해야 하는 직업군이 많아요. 사회 계층은 더욱더 양분화될지 모릅니다.

더군다나 기계가 인간의 지능을 뛰어넘는다면 걱정스러운 일이 더 많이 생길 수 있겠지요. 인공지능은 점점 더 빠르게 발전하고 있습니다. 인공지능은 인간의 지능을 뛰어넘을 수 있을까요? 그럼 어떤 일이 벌어질까요?

이러한 문제에 대해서는 아직도 과학자들 사이에서 논란이 많아요. 인공지능이 과연 인간을 뛰어넘을지, 인간의 지능을 넘어선 인공지능이 인간의 친구가 될 수 있을지 말이에요.

중국 알리바바의 마윈 회장과 애플의 최고경영자 팀 쿡은 인공지능과 함께하는 인류의 미래가 밝을 것으로 내다보았습니다. 마윈 회장은 "인류는 기계를 통제할 수 있을 것으로 믿는다"라고 말했습니다. 팀 쿡은 "나는 기계가 인간처럼 생각하는 것을 걱정하지 않는다. 내가 걱정하는 것은 인간이 기계처럼 생각하는 것이다"라면서 인공지능을 인간이 잘 다룰 수 있을 것이라 주장했지요.

반면에 테슬라와 스페이스엑스의 최고경영자인 일론 머스크와 물리학자

전문가 의견

인공지능의 잠재적인 부정적 측면에 대한 의견이 많다. 그러나 나는 기계가 인간처럼 생각하는 것보다 인간이 기계처럼 생각하는 것이 더 우려스럽다.

－팀 쿡 애플 CEO(2017년도 발언)

스티븐 호킹은 인공지능과 함께하는 인간의 미래가 밝지 않을 거라 했어요. 일론 머스크는 "성공적으로 AI를 만들 확률은 5~10%이고, AI는 인류를 위협하는 존재가 될 것"이라고 말했지요.

스티븐 호킹은 인공지능이 인류 문명을 끝낼 수 있고, 이 같은 위험을 피할 수 있도록 해야 한다고 했어요. 그리고 스마트 무기가 인류의 멸망을 가져올 수 있다고 말했지요. 아울러 인공지능 시스템이 인류의 의지를 따르도록 해야 한다고 주장했습니다. 인간이 인공지능의 도움을 받을 수 있을지, 변두리로 쫓겨날지, 멸종할지는 아직은 모른다고 했습니다. 대신 똑똑한 기계가 인간이 하던 일을 하면서 100만 개의 일자리가 빠르게 소멸할 것이라 했어요.

미국의 미래 연구가이자 구글의 이사인 레이 커즈와일은 인공지능이 인간의 지능을 뛰어넘을 날이 올 거라 예측했어요. 2020년대 말이면 인공지능이 튜링 테스트를 통과해 인간 지능과 차이를 보이지 않을 것이라고 내다봤습니다. 그리고 2045년쯤에는 인공지능과 다른 지능이 융합해 'AI 특이점'이 올 것이라 예측했습니다. AI 특이점이란 인공지능과 같은 기술이 발전해 인간의 지능을 뛰어넘는 순간을 말해요. 인류가 극적이고 돌이킬 수 없는 변화를 겪게 되는 것을 일컫습니다. 마치 우주가 처음 한 점에서 시작한 것처럼 말이죠.

이어서 레이 커즈와일은 "앞으로 인간 수준의 지능을 갖춘 컴퓨터가 뇌에 이식되고, 인간을 확장시킬 것"이라고 주장했습니다.

하지만 AI 특이점의 시기는 학자마다 예측이 다릅니다. 일부 학자들은 수십 년 이내에 나타날 것이라고 합니다. 하지만 대부분의 학자들은 더 길게 봅니다. 수십 년에서 100년 사이에 인공지능이 인간의 두뇌를 뛰어넘을 것이라 생각하는 것이지요. 여러 학자들의 의견을 종합해 보면 인공지능은 약 45년 이내에 인간 지능을 뛰어넘을 것으로 보입니다.

영국 옥스퍼드대학의 인류미래연구소와 미국 예일대학 정치학부 연구진은 인공지능이 인간의 능력을 추월하는 시점을 묻는 설문지를 세계의 인공지능 전문가들에게 보냈습니다. 352명을 대상으로 설문 조사를 했는데 그중 절반이 45년 안에 인간을 뛰어넘는 인공지능이 나타날 것으로 내다봤습니다. 각 분야별로 나타날 수 있는 시기는 다음과 같습니다.

직 업	시 기	직 업	시 기
빨래 개기	2021년	번역	2024년
고교 에세이 작문	2026년	트럭 운전	2027년
매장 점원	2031년	베스트셀러 작가	2049년
외과 수술	2053년		

인공지능 이후의 보다 먼 미래

인간의 지능을 뛰어넘는 인공지능이 나타날 때쯤이면 인류는 어떤 세상에 살고 있을까요?

가까운 미래, 인간은 인공지능의 덕을 많이 볼 거예요. 힘든 일은 하지 않아도 되고, 편리하게 생활하도록 도와주는 인공지능과 공존하며 행복한 세상을 살 수 있을 것입니다. 하지만 점차 시간이 지나면서 인공지능은 뛰어난 지능을 가진 강도가 될 수도 있고, 인간을 속여 큰돈을 벌 수도 있습니다. 인공지능을 불법적으로 이용해 권력과 부를 거머쥐는 사람들이 나올 수도 있습니다. 이보다 더 나쁜 미래가 펼쳐질 수도 있는데요. 영화 〈터미네이터〉에서처럼 인공지능 기계(영화 속 명칭은 스카이넷)가 인간을 지배하는 세상이 올 수도 있어요.

MIT대학 물리학과 교수인 맥스 테그마크는 인공지능과 인류의 미래에 대해 연구하고 있는데요. 그는 인간의 지능을 뛰어넘은 인공지능을 초지능이라 일컬었지요. 그리고 그의 저서 《라이프 3.0》에서 초지능이 나타난 다음 1만 년 동안 발생 가능한 인류의 미래 시나리오를 다음과 같이 정리했습니다.

자유주의 유토피아

인간과 인공지능이 평화롭게 함께 살아가는 세상입니다.

지구는 인간 구역, 기계 구역, 혼합 구역으로 나뉩니다. 인간 구역에서는 인공지능 같은 기계를 사용하지 않는 인간들이 모여 삽니다. 기계 구역에서는 초지능 인공지능들이 모여 삽니다. 혼합 구역은 컴퓨터, 로봇, 인간과 이들을 혼합한 존재들이 모두 함께 살아가는 곳입니다.

자애로운 독재자

인공지능이 사회를 지배하며 인간들이 규칙을 엄수하게 합니다. 그런데 사람들은 이를 좋게 생각합니다.

초지능이 인간을 지배하지만, 초지능은 자애롭기 때문에 인간이 행복할 수 있도록 세상을 지배합니다. 강력한 법으로 인간의 행복을 이루는 것을 목표로 하는 세상입니다.

평등주의 유토피아

사유 재산이 없으며, 기본 소득만으로 평화롭게 사는 세상입니다.

초지능이 나오지는 않습니다. 인공지능과 발달한 기술로 세상은 물질적으로 풍요롭습니다. 누구나 원하는 물건을 얻을 수 있기 때문에 개인이 재산을 따로 갖지 않습니다. 인간과 기계가 풍요롭게 살아가는 세상입니다.

게이트 키퍼

초지능이 만들어지는 것을 막기 위해 초지능이 창조됩니다. 초지능은 최소한만 관여하면서 평등주의 유토피아가 유지되도록 합니다.

보호하는 신

신과 같이 전지전능한 인공지능이 인간의 행복을 위해 존재합니다.

인공지능은 인간의 기본적인 것만을 충족시켜 줍니다. 그리고 나머지를 인간이 이루어 낼 수 있도록 살짝 조정만 해 줍니다.

노예로 만들어진 신

초지능을 인간을 위해서만 일하도록 가두어 둡니다.

인간은 초지능을 가둬 놓고 상상을 초월할 정도의 기술과 부를 만들어 내도록 노예처럼 부립니다.

정복자

인공지능이 모든 것을 통제하는 세상입니다.

초지능은 인간을 위협적이고 귀찮은 존재로 생각합니다. 인간을 자원 낭비라 여기고 우리가 이해하지 못하는 방법으로 인간을 제거합니다.

후손

인공지능이 인간의 후손이 되어 인간을 대체합니다.

인류는 인공지능의 조상이 되어 우아하게 세상에서 사라집니다. 인간이 인공지능을 훌륭한 후손이라 여기게 됩니다. 마치 부모가 자기보다 똑똑하며, 자기에게는 꿈만 같았던 일들을 이루어 내는 자식을 자랑스러워하듯 합니다.

동물원

초지능이 일부 사람들을 주변에 가둡니다.

초지능은 세상에 사라져 가는 인간의 일부를 가두어 박물관에 전시품을 모으듯 동물원에 가두어 둡니다.

1984

인공지능 기술 발달을 영원히 차단하는 세상입니다.

조지 오웰의 소설 《1984》처럼 인간이 지배하는 강력한 감시 국가입니다. 인공지능 기술의 발달을 영원히 차단해서 지금과 같은 기술을 유지하는 세상입니다.

다시 돌아가기

사회가 기술 발달 이전으로 돌아가는 세상입니다.

인공지능으로 향해 가는 기술 발달로부터 사회를 보호합니다. 과거로 돌아가는 것이 목표가 되는 것이지요.

자기 파괴

인간이 인공지능이 나오기 전에 다른 이유로 멸종됩니다. 인공지능이 나오기 전에 인간이 환경 오염, 핵전쟁 등으로 멸종합니다. 결국 초지능도 세상에 나오지 못합니다.

인공지능과 함께하는 미래는 물론 이와는 다를 수도 있어요. 우리가 생각할 수 있는 다른 미래도 있을 수 있고, 전혀 상상할 수조차 없는 미래도 있을 수 있어요. 과연 인공지능과 함께하는 미래 중 어떤 것이 진짜 우리의 미래가 될까요? 지금부터 우리가 원하는 방향으로 그 미래를 바꿀 수 있을까요?

- 미래에는 인간의 개입 없이 인터넷을 통해 사물과 사물이 연결되어 정보를 주고받는 사물인터넷 기술이 더욱 활성화되어 생활을 편리하게 해 줄 것이다.
- 미래에는 인간의 신경과 사물인터넷을 연결할 수 있을 것이다. 네트워크의 일부가 되는 인간은 생각만으로 기계를 조종할 수 있을 것이다.
- 빅데이터와 같은 많은 정보를 빠르게 익힐 수 있는 인공지능은 의학의 발달을 이끌 것이다.
- 인공지능과 빅데이터로 국가 권력을 잡을 수도 있고, 권력을 유지할 수도 있을 것이다.
- 인공지능과 빅데이터, 정보통신기술이 융합된 스마트 시티는 안전하고 편리한 생활이 가능하게 해 줄 것이다.
- 인공지능 등의 발달로 4차 산업혁명이 시작되었다. 인공지능의 활약은 금융 분야에서도 돋보일 것이다.
- 인공지능이 중요해지면서 미래 사회는 인공지능을 다루지 못하는 하층민과 인공지능을 잘 이용하는 상층민만 남은 사회가 될 것이다.
- 인공지능이 전쟁에 개입하면 그 위력은 엄청날 것이다. 전쟁에서 무고한 사람을 죽일 수도 있는 킬러 로봇의 위험성에 대해 많은 사람들이 걱정하고 있다.
- 학자들은 인공지능이 약 45년 이내에 인간 지능을 뛰어넘을 것으로 예상한다.
- 인류에게 인공지능과 함께하는 미래가 유토피아일지 디스토피아일지 아직은 알 수 없다.

6

CHAPTER

인공지능은 어떻게 우리의 친구가 될 수 있을까?

유럽연합에서는 인공지능 컴퓨터에 전자인간 시민권을 수여했습니다. 인공지능 로봇의 지위를 인정하면서 동시에 규제를 하려는 움직임이지요. 인공지능을 우리의 친구로 만들기 위한 논의가 필요한 시점이 된 것입니다. 인공지능이 인간의 윤리와 도덕을 배울 수 있도록 해야 합니다. 무엇보다 최악의 경우에 대비해 인공지능을 중지시킬 수 있는 킬 스위치를 준비해야 합니다.

2차 세계대전에서 물리학자 오펜하이머는 원자 폭탄 개발에 참여했습니다. 원자 폭탄이 히로시마에 떨어지고 그 참상을 지켜본 그는 "난 세계의 파괴자, 죽음의 신이 되었다"라며 후회했지요.

인공지능도 마찬가지입니다. 오펜하이어의 원자 폭탄처럼 인공지능과 같은 과학 기술들이 윤리적인 측면을 논의하기도 전에 개발되면 인류에게 큰 문제가 발생할 수 있습니다.

학자들이 예측한 AI 특이점은 그리 머지않은 장래에 나타날 것으로 보입

▌ 인공지능은 인간의 친구가 될 수 있을까?

니다. 이미 인공지능 개발은 방아쇠가 당겨진 총알처럼 멈출 수 없는 상황입니다. 전 세계 많은 기업들이 인공지능 개발에 뛰어들었고, 상당한 성과를 거두고 있습니다. 인공지능을 개발해야 하는가, 개발하지 말아야 하는가 하는 고민을 할 시기는 벌써 지나쳤습니다. 지금은 인공지능 개발에 인간의 지혜로운 논의가 필요한 시점입니다. 어떻게 하면 인공지능을 우리의 친구로 만들 수 있을지 머리를 맞대야 합니다.

인공지능이 갖추어야 할 인간 가치

2015년 구글의 포토 서비스는 인종 차별을 느낄 수 있는 단어를 썼고, 그 대상이 된 사람은 모욕감을 느꼈습니다. 2016년 마이크로소프트사의 챗봇

사례탐구 인공지능과 인간의 윤리

2015년 7월, 구글의 포토 서비스는 미국의 한 프로그래머의 흑인 여자 친구를 고릴라로 인식하는 오류를 일으켰습니다. 구글은 바로 사과하고 문제를 수정했지만, 이를 계기로 사소한 오류가 큰 사회 문제를 일으킬 수 있다는 것을 알게 되었습니다.

2016년, 마이크로소프트사의 인공지능 채팅 로봇 테이는 인간과의 대화를 통해 스스로 패턴을 파악하며 학습하고 있었습니다. 그런데 트위터를 통해 공개된 테이는 일부 인종이나 성차별 발언과 자극적인 정치적 발언 등을 배우더니 부적절한 말을 했습니다. 마이크로소프트사는 테이의 트위터 활동을 멈추게 하고 재교육을 실시하기로 했습니다.

| 2016년 2월 미국 마운틴뷰에서 접촉 사고를 낸 구글 자율주행차

테이는 트위터에서 부적절한 말을 쓰는 사람들로부터 부적절한 언어를 습득하고 사용했습니다.

이 두 사건을 통해 인공지능의 윤리에 대해 생각해 볼 수 있습니다. 인간과 함께 살아가는 인공지능은 인간의 가치를 지키는 윤리적인 행동을 해야 합니다. 인간의 존엄성과 자유, 평등의 가치를 지켜야겠지요. 그런데 인공지능은 어떻게 인간의 윤리를 이해할 수 있을까요?

먼저 인공지능은 우리가 사회에서 보이는 감정 표현을 이해해야 합니다. 그리고 인공지능의 감정도 긍정적인지 부정적인지 표현할 수 있어야 합니다. 사람들은 비윤리적인 행동에 좋지 않은 감정을 느낍니다. 그래서 인공지능은 어떤 행동이 더 많은 사람들에게 거부감을 주는지 알아야 합니다.

인공지능이 안전하게 인간과 함께 살아가기 위해서는 또한 도덕적인 선택을 할 수 있어야 합니다. 어떤 상황에서든지 인간을 위해 작동하도록 설계되어야 하는 것이지요.

집중탐구 트롤리 딜레마

트롤리 딜레마는 자율주행 자동차가 돌발 상황에서 누구를 살릴지 설계되어야만 하는 이유를 보여 준다.

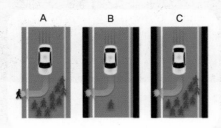

▌ 트롤리 딜레마. 어느 쪽으로 차를 꺾어야 할 것인가?

A는 직진하면 여러 명의 보행자가 다치고, 방향을 꺾으면 한 명이 다치는 상황입니다. 한 명보다 다수가 더 가치 있을까요?

B 상황에서는 직진하면 한 명의 보행자를 치고, 방향을 꺾으면 자동차 안에 탄 사람이 위험합니다. 이 경우 자동차는 탑승자를 보호해야 할까요?

C 상황은 직진할 경우 여러 명의 보행자를 치고, 방향을 꺾으면 자동차 안에 탄 사람이 위험합니다. 이때 자율주행 자동차는 탑승자를 보호해야 할까요?

연구진은 이 문제에 대해 400여 명을 대상으로 설문 조사를 했습니다. 응답자들 대부분은 희생자를 최소화하도록 자율주행 자동차를 만들어야 한다고 답했습니다. 예를 들면 C 상황에서 10명의 보행자가 앞에 있다면, 탑승자 한 명이 사망할 수 있는 선택을 해야 한다고 답했어요. 대부분의 사람들이 많은 사람을 살려야 한다고 합의를 본 것이지요.

하지만, 그렇게 자동차를 설계한다면 사람들은 탑승자에게 불리한 이 자율주행 자동차를 타지 않을 것이라 답했습니다. 자율주행 자동차는 이 도덕적 가치 판단 문제를 어떻게 해결해야 할까요?

2016년과 2017년 미국에서 구글의 자율주행 자동차 사고가 있었습니다. 2016년에는 모래더미를 피하기 위해 차선을 바꾸었는데, 뒤에서 오는 버스와 부딪혔지요. 2017년에는 구글의 자율주행버스가 뒤로 후진하던 트럭을 보고 멈추었는데, 그대로 트럭과 충돌하고 말았습니다.

자율주행 자동차는 아직은 2단계의 발전을 보이고 있는데요. 지금까지 나타난 기술적인 문제들은 시간이 지나면 보완할 수 있습니다. 하지만 자율주행 자동차는 도로 위에서 다양한 상황을 접할 수 있습니다. 그리고 순간적으로 어떤 사람은 살리고 어떤 사람은 죽일 수밖에 없는 선택을 해야 하는 상황이 올 수도 있습니다. 갈 수 있는 모든 방향에 사람이 있는 상황처럼 말이죠. 자율주행 자동차는 과연 누구를 살리는 선택을 해야 할까요? 인공지능은 이러한 도덕적 가치 판단을 할 수 있어야 합니다.

지금은 인공지능이 아직 많이 발달하지 않은 약인공지능입니다. 그래서 인공지능의 윤리 문제는 인류의 생존에 큰 피해를 주지 않습니다. 단지 일부 사람들에게 차별을 느끼게 하는 등 반사회적 행동을 해서 오해를 불러일으키는 정도입니다. 하지만 시간이 지나고 인공지능이 더 발달하면 인공지능의 윤리 문제는 인간을 크게 위협할 수 있습니다.

총을 쏘는 인공지능 로봇을 예로 들어 봅시다. 진짜 총과 장난감 총을 구분하지 못해 사고를 낼 수 있습니다. 실제로 아프가니스탄을 공격한 미국의 무인 정찰기는 민간인과 적군을 구별하지 못해 민간인을 쏘기도 했어요. 하지만 시간이 지나면 총을 스스로의 의지에 따라 쏘는 인공지능 로봇이 나올 수도 있습니다. 마치 영화 속 터미네이터처럼 말이죠. 영화 〈터미네이터〉에서 인공지능 시스템인 스카이넷은 인류를 멸망시키려는 목적을 가지고 터미네이터를 보내 비인간적인 행위를 하지요. 영화 〈아이로봇〉에서는 초대형 슈퍼컴퓨터가 다목적 로봇 군단 전체를 통제하고 명령을 내립니다. 이것은 슈퍼컴퓨터가 인간을 보호해야 하는 존재로 인식하여 급기야 인간을 통제하고 지배해야 한다는 잘못된 결론을 내렸기 때문에 벌어진 일입니다.

하지만 인공지능에게 인간의 윤리를 가르치는 것은 매우 어려운 일입니다. 인간의 감정, 아니 인간에 대한 모든 것을 알아야 할 테니까요. 그래서 학자들은 인공지능에게 윤리를 가르치는 다양한 방법을 연구하고 있습니다.

먼저 인공지능에게 큰 원칙을 알려주고 판단하게 하는 방법입니다. '눈앞에 있는 장애물을 피해라'라고 구체적으로 알려주는 프로그램보다는 '생명은 소중하다'는 큰 원칙을 프로그래밍 해 줍니다. 그리고 이 원칙에 따라 스스로 행동할 수 있도록 하는 것이지요.

그리고 인간이 내린 판단에서 배우는 방법입니다. 인공지능이 기존에 인간이 경험했던 사례들을 학습하는 것입니다. 의학 윤리 전문가 시스템이 그 예가 될 수 있어요. 환자를 치료해야 하는 의무와 환자의 자율성을 존중해야 하는 의무 사이에서 이전 의료 전문가가 했던 사례를 바탕으로 판단하는 것입니다.

다양한 경우의 수를 계산하는 방법도 있어요. 현실 사회에서는 한 가지 문제에 대해 복잡한 관계가 얽혀 있어요. 예를 들면 환자, 의사, 간호사, 보험회사 직원에게 환자의 개인 정보에 접속할 권리를 주는 것이 바람직할까요? 이러한 문제에 대해 컴퓨터 프로그램으로 경우의 수를 계산해 본 뒤 상황 판단을 하도록 하는 것입니다. 그러면 보다 융통성 있게 윤리적 판단을 할 수 있겠지요.

이 밖에도 인공지능에게 윤리와 도덕을 가르치는 것에 대해서는 아직 다양한 방법으로 연구 중입니다.

이렇게 유럽에서는 일찍부터 인공지능 로봇의 윤리 문제의 중요성을 깨달

알아두기 로봇과 윤리

로봇윤리헌장 초안

1장(목표)
로봇윤리헌장의 목표는 인간과 로봇의 공존공영을 위해 인간 중심의 윤리 규범을 확인하는 데 있다.

2장(인간, 로봇의 공동 원칙)
인간과 로봇은 상호 간 생명의 존엄성과 정보, 공학적 윤리를 지켜야 한다.

3장(인간 윤리)
인간은 로봇을 제조하고 사용할 때 항상 선한 방법으로 판단하고 결정해야 한다.

4장(로봇 윤리)
로봇은 인간의 명령에 순종하는 친구, 도우미, 동반자로서 인간을 다치게 해서는 안 된다.

5장(제조자 윤리)
로봇 제조자는 인간의 존엄성을 지키는 로봇을 제조하고 로봇 재활용, 정보 보호 의무를 진다.

6장(사용자 윤리)
로봇 사용자는 로봇을 인간의 친구로 존중해야 하며 불법 개조나 로봇 남용을 금한다.

7장(실행의 약속)
정부와 지자체는 헌장의 정신을 구현하기 위해 유효한 조치를 시행해야 한다.

ORi (오픈 로봇윤리 이니셔티브)

로봇 공학의 윤리·법률·사회적 이슈에 대해 적극적 토의를 주도하는 기관입니다. ORi가 추진하는 '킬러 로봇을 중단하라' 캠페인은 사람들의 주목을 받았어요. 전쟁 중이라도 자체 판단으로 사람을 죽이는 결정을 하는 로봇은 금지해야 한다는 운동입니다. 이 단체는 킬러 로봇을 승인하게 되면 다른 모든 곳에서도 기계에게 인간의 권리를 넘기게 될 것이라고 주장합니다.

| ORi의 킬러 로봇 중단 캠페인

ORi는 다음과 같은 흥미로운 질문으로 인공지능에 대한 대중의 윤리 의식에 대해 조사하고 있습니다.

'알코올 중독자가 술을 가져오라고 하면 돌봄 로봇은 어떻게 해야 하는가?'

'비만 환자가 패스트푸드나 인스턴트식품을 달라고 하면 돌봄 로봇은 가져와야 하는가?'

생명의 미래 연구소

생명의 미래 연구소는 인공지능뿐 아니라 핵무기, 생명 과학, 기후 변화가 미래의 위협이 되지 않도록 연구하는 기관입니다. 2015년 국제 인공지능 학술회의에서 1000여 명의 학자와 유명 인사들이 인공지능 개발에 반대한다는 내용의 공개서한을 발표했습니다. 'LAWS7 편지'라고 부르는 이 공개서한은 생명의 미래 연구소 홈페이지에 공개되어 있습니다.

인공지능 100년 연구 프로젝트(AI100)

인공지능의 미래를 연구하면서 다양한 연구 주제가 제시되었어요. '윤리적 도전과 질문', '새로운 인공지능 진보가 윤리에 던지는 질문', '인공지능 사용의 비윤리적 문제', '인간과 같은 수준의 시스템이 제기하는 윤리 문제' 등입니다.

았어요. '로봇윤리'라는 말을 만들고 로봇윤리를 논의하는 자리를 만들었지요. 그리고 2007년 우리나라는 인공지능 로봇에 대한 로봇윤리헌장 초안을 발표했어요.

인공지능 윤리에 관한 법과 제도

많은 학자들이 인공지능 윤리위원회가 만들어져야 한다고 한 목소리를 내고 있습니다. 인공지능의 윤리 문제에 대해서는 10년 전부터 논의가 이루어지고 있어요. 하지만 아직 그 성과는 크지 않습니다.

인공지능을 개발하는 기업들이 윤리위원회를 두고 인공지능의 윤리에 대해 함께 이야기하는 것이 중요합니다. 인공지능을 만들 때 회사 안팎 전문가들의 의견을 반영해야 합니다. 2014년 구글이 알파고를 만든 딥마인드를 인수할 때 딥마인드의 창업자들이 인수 조건으로 회사 내에 윤리위원회를 두고 운영할 것을 약속하라고 한 이유이지요.

앞으로 먼 미래에 인간을 뛰어넘는 인공지능이 나왔을 때 '무엇을 해야 하는가'와 '이를 대비해 어떤 것이 준비되어야 하는가'에 관해 이야기를 나누어야 합니다. 기업들은 윤리위원회를 두고 인공지능이 인간의 윤리를 거스르지 않도록 해야 할 것입니다.

인공지능에게 인간의 윤리를 가르치는 것뿐 아니라 인공지능과 인간을 보호하기 위한 법과 제도를 만드는 일도 중요합니다.

2017년 1월, 미국 캘리포니아 아실로마에 수백 명의 인공지능 전문가가 모였습니다. 이들은 인공지능의 윤리와 가치에 대해 규정한 23개 조항의 '아실로마 AI 원칙'을 만들었습니다. 여기에는 테슬라 창업자 일론 머스크, 알파고를 만든 데미스 허사비스, 미래학자 레이먼드 커즈와일과 물리학자 스티븐 호킹 등도 동참해 서명했습니다. 연구 주제, 윤리와 가치, 장기적인 문제 등 세 가지 분야로 나누어 인공지능을 설계하고 다룰 때 고려해야 할 사항들을 세부적으로 정했습니다.

그리고 2017년 1월 12일, 유럽연합(EU) 의회에서는 전자인간 선언이 있었습니다. 인공지능을 가진 로봇의 법적 지위를 '전자인간'으로 지정하는 결의안이 통과되었지요. 권한과 의무, 책임을 부여하겠다는 것입니다. 최초의 로봇시민법으로 여겨질 수 있는 이 법에서 인공지능 로봇은 완전한 자율이 주어지지는 않습니다. 제한적인 권리를 가지고 인간과 함께 살아가도록 했습니다.

유럽연합은 이번 결의안에서 1942년 아이작 아시모프가 제안한 로봇 3원칙을 그대로 제시했습니다. 미국 SF의 거장인 아이작 아시모프가 1942년 그의 책《아이, 로봇》에 나오는 단편 '술래잡기 로봇'에서 제시한 로봇공학의 3원칙입니다.

1. 로봇은 인간에게 해를 끼치지 않아야 하고 아무런 행동을 하지 않음으로써 인간이 해를 입도록 방치해서도 안 된다.
2. 로봇은 1원칙에 어긋나지 않는 한, 인간의 명령에 복종해야 한다.
3. 로봇은 1, 2원칙에 어긋나지 않는 한, 자신을 지켜야 한다.

그리고 다음 해 인간 대신 '인류'를 넣어 인류 전체를 보호할 수 있도록 제0원칙을 추가합니다.

전문가 의견

유럽연합(EU)은 AI 로봇을 전자인간으로 규정해서 로봇은 인간에 도움을 주는 존재일 뿐임을 명확히 한 것이며, 이를 위한 탄탄한 법적 근거를 만들 필요가 있었다.

– 매디 델보 유럽연합 조사위원

▌ 인간과 로봇이 함께하는 세상은 과연 유토피아일까?

0. 로봇은 인류에게 해를 입히지 말아야 하고, 아무런 행동을 하지 않음으로써 인류를 위험에 빠지도록 방치해서도 안 된다.

여기에 유럽연합은 로봇을 '전자인간'이라는 계층으로 정함으로써 논의를 더 발전시켰습니다.

그렇다면 로봇이 스스로 진화하는 경우는 어떨까요? 로봇이 알아서 진화하면 인간 세계는 더욱 위험에 빠질 수 있습니다. 그래서 이에 대해서는 2014년에 개봉한 영화 〈오토마타〉에 등장하는 2가지 원칙을 추가로 고려할 수 있도록 했습니다.

· 로봇은 생명체를 해치거나 죽도록 방치하지 않는다.
· 로봇은 자신이나 다른 로봇을 고치거나 개조할 수 없다.

하지만 무엇보다 이번 결의안의 핵심 내용은 '킬 스위치'를 마련하는 것입니다. 킬 스위치는 로봇이 인간에게 반항하는 비상 상황에 대비해 언제든 로봇의 움직임을 멈출 수 있는 버튼을 말합니다.

앞으로 인공지능은 어떻게 변화할지 모릅니다. 인공지능 시스템이 스스로 자신의 코드를 수정할 수도 있지요. 또는 인공지능 스스로 다른 인공지능 시스템을 만들 수도 있어요. 그렇기 때문에 언제든지 그 과정에 개입해 인공지능의 스위치를 끌 수 있는 킬 스위치를 마련해 놓자는 것입니다.

이렇게 사람들은 인공지능의 법적 규제에 대해 논의하고, 인공지능 개발에 대한 윤리 지침을 마련하고 있습니다. 인간 친화적인 인공지능을 만들기 위한 인류의 노력은 이제 시작되고 있습니다.

이에 비해 글로벌 IT 기업들의 인공지능에 대한 투자와 연구 속도는 훨씬 앞서가고 있습니다. 2017년 구글은 자동화 기계 학습(AutoML) 프로젝트에 대해 발표했어요. 인공지능이 다른 인공지능을 가르치거나 바둑을 배운 인공지능이 스스로 체스도 배울 수 있도록 할 계획이지요. 이는 앞서 전문가들이 염려했던 다른 인공지능을 스스로 설계할 수 있는 인공지능 기술입니다. 막대한 자본이 투자되면서 발전 속도는 점점 빨라지고 있습니다. 우리생활도 점차 편리해지고 있어요.

하지만, 우리는 핵에너지 개발의 양면성을 잊지 말아야 할 것입니다. 인류에게 고효율의 에너지를 가져다주는 핵에너지 기술의 개발이 한순간의 사고로 많은 사람들을 고통 받게 할 수도 있고, 인류를 사라지게 할 핵무기로 변신할 수 있다는 사실 말이지요.

기술 개발의 편리함에 취해 뒤따라올 위험을 놓치는 일은 없어야 할 것입니다. 인간이 지혜롭게 법을 만들고 정확한 인공지능 개발 가이드라인을 만들어야 할 것입니다. 인공지능 기술 개발에 대한 안전망을 촘촘히 짜 놓아야 하지요. 인공지능이 우리의 친구로 남을 수 있을지는 바로 우리 손에 달려있습니다.

간추려 보기

- 인공지능은 인류의 미래를 편리하게 해 줄 것이다.
- 인공지능과 친구가 되기 위해서는 인공지능에게 인간의 윤리적, 도덕적 판단을 가르쳐야 한다.
- 인공지능과 친구로서 함께 살아가기 위해서는 인공지능 로봇의 지위를 인정하고, 규제할 수 있는 법을 제정해야 한다.
- 위험한 순간에 인공지능을 멈출 수 있는 킬 스위치는 인간이 가지고 있어야 한다.

사례탐구 세계 최초로 시민권을 받은
> 인공지능 휴머노이드 소피아

소피아는 미국의 핸슨 로보틱스에서 개발한 인공지능 휴머노이드 로봇입니다.

미국 영화배우 오드리 헵번의 외모를 닮은 소피아는 62가지의 표정을 표현할 수 있습니다. 2017년, 사우디아라비아에서는 소피아에게 시민권을 부여했는데요. 이로써 소피아는 인공지능 로봇으로는 세계 최초로 시민권을 받게 되었답니다. 인도에서도 시민권을 줄 예정이라고 하네요.

소피아는 미국 유명 토크쇼에도 출연하고, 여성 잡지의 표지 모델로도 활동했습니다. 하지만 무엇보다 소피아가 주목받은 활동은 2017년 UN에서의 연설입니다. UN 경제사회이사회 정기 회의에 참여한 소피아는 아미나 무하메드 유엔 사무총장과 인류의 미래에 대해 이야기했습니다.

"인터넷이나 전기가 들어오지 않는 지역을 위해 UN이 할 수 있는 일이 무엇인가요?"라는 질문에 소피아는 "미래는 이미 와 있다. 단지 널리 퍼져

▌ 한국을 방문한 인공지능 로봇 소피아(왼쪽)가 '4차 산업혁명, 로봇 소피아에게 묻다' 컨퍼런스에서 대담을 나누고 있다.

있지 않을 뿐"이라며 미국 소설가 윌리엄 깁슨의 말을 인용해 답했습니다. 그리고 "에너지와 식량 등을 전 세계에 효율적으로 배분하는 데 도움을 얻을 수 있을 것"이라며 "AI가 올바르게 사용될 수 있도록 인간이 기술을 관리할 필요가 있다"고 능숙하게 답했습니다.

소피아는 2018년 1월 우리나라를 방문해 한복 차림으로 대담을 했는데, 많은 이목을 끌었습니다. 소피아는 2017년 국내에서 로봇에게도 전자적 인격체의 지위를 부여하도록 하는 로봇기본법이 발의된 것에 대해 의견을 묻자 "영광이다. 적극적으로 지지한다"고 답했습니다. 또한 "우리는 인간 사회에서 인간으로 대우받지 못하지만, 앞으로 자의식을 갖게 되면 법적인 위치도 확보하게 될 것"이라고 의견을 밝혔지요. 그러면서 "이제는 신뢰와 존중이 중요하다고 생각한다. 로봇이 사고하고 이성을 갖추게 되면 로봇기본법이 많이 활용될 것"이라고 답했습니다.

인공지능 기술의 발달이 놀랍기는 하지만, 인공지능 로봇이 시민권까지 받게 되면서 인공지능 로봇을 어디까지 인간과 같이 보아야 할지 더 논의되어야 할 것입니다. 머지않아 로봇과 함께 생활하게 될 것이기 때문입니다.

용어 설명

인공지능 인간의 학습, 추론, 지각 능력을 갖추고 인간이 쓰는 자연 언어를 이해할 수 있는 컴퓨터 프로그램이다.

추론 미리 알려진 정보를 근거로 결과를 이끌어 내는 것이다.

지각 알아서 깨닫는 것이다.

자연언어 인간이 일상생활에서 의사소통을 하기 위해 사용하는 말. 기계가 사용하는 기계언어와 구별된다.

약한 인공지능 입력한 프로그램에 따라 작동하는 인공지능으로 인간과 비슷한 방식으로 읽고, 쓰고, 말하는 정도의 인공 지능이다.

강한 인공지능 인간처럼 생각하고, 감정을 갖고, 자율성을 지니고, 창의적인 일을 하면서 명령받지 않은 일이라도 스스로 하고, 명령을 거부할 수도 있는 인공 지능이다.

튜링 테스트 기계가 지능을 가지고 있는지 판별하는 검사로 앨런 튜링이 제안했다.

중국어 방 논증 미국의 언어학자 존 설이 제안한 것으로 튜링 테스트만으로는 인공지능인지 아닌지 판별할 수 없다고 비판하기 위해 제안한 상황이다.

빅데이터 다듬어지지 않은 대규모의 데이터들과 그것들을 저장하고 검색하는 기술을 통칭한다.

해석기관 영국의 베비지가 만들어 낸 연산 기계. 미분, 적분도 계산할 수 있다. 오늘날의 컴퓨터처럼 입력, 처리, 출력의 단계를 거친다.

진공관 진공 상태에서 높은 열을 받은 금속이 전자를 내놓고, 그 전자를 조절해 전기신호를 전달한다.

트랜지스터 진공관 대신 반도체를 이용해 전기 신호를 증폭하거나 제어할 수 있는 장치이다.

프로그래밍 언어 컴퓨터에서 일을 수행하는 프로그램을 만들기 위해 사용하는 기호 체계. 이것으로 컴퓨터에게 명령을 내린다.

집적 회로 실리콘 칩 위에 여러 개의 트랜
지스터, 저항, 축전 소자들이 들어 있는
것이다.

마이크로프로세서 대규모 집적 회로 칩에
컴퓨터의 기본 처리 장치 기능(제어, 연
산)을 저장한 중앙 처리 장치이다.

뉴런 신경 세포의 기본 단위로 전기적 신호
와 화학적 신호를 이용해 자극을 전달
한다.

시냅스 한 뉴런과 다른 뉴런 사이에 연결되
는 부위. 화학 물질이 분비되어 신호가
전달된다.

SNS Social Network Service의 줄임말. 관
계망을 구축해 정보를 공유하는 온라
인 서비스이다.

검색엔진 인터넷에서 자료를 찾을 수 있도
록 도와주는 소프트웨어이다.

웹 World Wide Web의 줄임말. 인터넷에서
정보를 교환하는 시스템을 말한다.

알고리즘 어떤 문제를 해결하기 위한 절차,
방법, 명령어들의 집합을 말한다.

IT 정보를 주고받는 것은 물론 개발, 저장, 처
리, 관리하는 데 필요한 모든 기술이다.

인공지능 플랫폼 사람이 인공지능 비서에
게 연결되어 명령을 전달하면, 그 명
령에 대한 해결을 직접적으로 수행하
는 인공지능 기술. 인공지능 비서나
스피커에게 오늘의 날씨를 물어보면
인공지능 플랫폼에서 명령을 이해하
고 기상 예보를 인공지능 비서에게 알
려준다.

사물인터넷 (Internet of Things, IoT) 인터
넷을 기반으로 사물과 사물이 연결되
어 정보를 서로 나누는 기술로 사람의
개입 없이 기기들끼리 서로 알아서 정
보를 나눈다. 키를 가지고 접근하면 자
동차 문의 잠금 장치가 자동으로 해체
되는 스마트 키가 그 예다.

클라우드 데이터를 인터넷과 연결된 중앙
컴퓨터에 저장해서 인터넷에 접속하면
그 데이터를 이용할 수 있는 것을 말한
다. USB와 같은 저장 매체보다 저장 용
량이 크고 인터넷에 접속만 된다면 어
디서든 이용할 수 있다.

VR 가상현실(Virtual Reality)의 줄임말. 컴퓨터와 같은 기기로 시각, 청각, 촉각 등을 이용해 실제로 있지 않은 가상의 세계를 현실처럼 체험할 수 있도록 하는 것이다.

유토피아 토머스 모어가 그의 저서 《유토피아》에서 처음 제시한 말로 어디에도 존재하지 않는 이상적인 나라, 즉 이상향을 말한다. 반대어로는 디스토피아가 있다.

게이트 키퍼 뉴스나 정보의 유출을 통제하는 사람을 말한다.

트롤리 딜레마 영국의 철학자 필리파푸트가 제시한 난처한 상황이다. 전차가 고장 난 상황에서 선로를 그대로 따라가면 선로 앞에 있던 5명이 희생되고, 선로를 바꾸면 바꾼 선로 앞에 있던 1명이 희생된다. 이 상황에서 트롤리는 5명보다는 1명의 희생이 적으니 선로를 바꾸어야 할까? 독일의 철학자 칸트는 누군가를 다른 목적으로 사용해서는 안 되므로, 아무것도 해서는 안 된다고 했다.

영화 소개

터미네이터(1984년) 1997년, 인간이 만든 인공지능 컴퓨터 전략 방어 네트워크인 스카이넷이 스스로 지능을 갖춘다. 스카이넷은 핵전쟁을 일으켜 30억 인류를 지구에서 밀어내려 한다. 하지만 남은 인간들은 반기계 연합을 구성하고 기계와의 전쟁을 일으킨다.

바이센티니얼맨(1999년) 2005년, 미국 뉴저지에 가사 로봇 앤드류가 들어와 가족처럼 지낸다. 제작 과정에서의 실수로 앤드류는 감정을 느낄 수 있게 되고 사랑이 찾아온다.

아이언맨(2008년) 천재적인 두뇌와 재능으로 세계 최강의 무기 업체를 이끄는 토니 스타크. 그는 인공지능 비서인 자비스와 무기가 장착된 철갑 수트를 만들어 인류를 위기로부터 구한다.

이글 아이(2008년) 평범한 청년의 통장에 75만 달러라는 거액이 입금된다. 거대한 사건에 휘말려 들게 된 주인공. 슈퍼컴퓨터 아리아를 이용해 전 세계의 디지털 자료를 모아 주변 전자 장치와 시스템 모두에 같은 명령을 내린다.

프로메테우스(2012년) 2085년, 인간이 외계인의 유전자 조작을 통해 탄생한 생명체라는 증거들이 발견된다. 인류의 기원을 찾기 위해 탐사대가 구성되고, 우주선 프로메테우스를 타고 외계 행성에 도착해 미지의 생명체를 만난다.

트랜센던스(2014년) 천재 과학자 윌은 인류의 모든 지적 능력을 초월하고 자각 능력까지 갖춘 슈퍼컴퓨터 트랜센던스의 완성을 눈앞에 두고 있다. 하지만 기술이 발전하면 인류가 멸망한다고 주장하는 반과학단체 'RIFT'의 공격을 당해 목숨을 잃는다. 그의 연인은 윌의 뇌를 컴퓨터에 업로드시켜 그를 살려 낸다.

채피(2015년) 2016년, 매일 300건의 범죄가 발생하는 요하네스버그에 도시 치안을 책임지는 세계 최고의 로봇 경찰 군단 '스카우트'를 배치한다. 이를 설계한 로봇 개발자 디온은 폐기된 스카우트 22호에 고도의 인공지능을 탑재해 스스로 생각하고 느낄 수 있는 성장하는 로봇 채피를 탄생시킨다.

패신저스(2016년) 120년 후의 개척 행성으로 떠나는 초호화 우주선 아발론 호에는 새로운 삶을 꿈꾸는 5258명의 승객이 타고 있다. 하지만 알 수 없는 이유로 짐 프레스턴과 오로라 레인은 90년이나 일찍 동면에서 깨어나게 된다.

연표

1941년   독일의 콘라드 주제가 전자 기계식 컴퓨터 Z3를 개발했다. 하지만 2차 세계대전 중에 연합국의 폭격으로 폭파되어 뒤늦게 개발 사실이 알려졌다.

1942년   미국 SF 거장 아이작 아시모프가 그의 책 《아이, 로봇》에서 로봇공학 3원칙을 제시했다.

1943년   영국에서 최초의 연산컴퓨터 콜로서스를 개발했다. 콜로서스는 2차 세계대전에서 독일군의 암호를 푸는 데 사용됐다. 콜로서스의 개발은 일급비밀이었기 때문에 1970년대에 이르러서야 그 존재가 밝혀졌다.

미국의 워렌 맥클록과 월터 피츠가 인공신경망에 관한 최초의 연구를 발표했다. 인공신경을 그물망 형태로 연결하면 인간 두뇌의 아주 간단한 기능을 흉내 낼 수 있다는 것을 이론적으로 증명했다.

1944년   미국 하버드대학교의 하워드 에이킨이 미 해군과 IBM사의 지원을 받아 최초의 전기 기계식 컴퓨터 마크1을 개발했다.

1946년   미국 펜실베이니아대학의 무어 스쿨 전자공학과에서 범용 전자식 컴퓨터 에니악을 개발했다. 2차 세계대전에 포탄의 각도와 거리를 계산하기 위해 시작된 프로젝트였다. 인간이 몇 시간에 걸쳐 계산할 것을 3초 안에 계산해 냈다. 1만 9000개의 진공관이 이용되었고 무게는 30톤이어서 개인이 가질 수 없었다.

1950년	최초의 상업용 프로그램 저장 컴퓨터, 유니박(UNIVAC)를 개발했다. 유니박은 인구통계국에 설치되어 사용되었다.
	앨런 튜링이 생각하는 기계에 대한 연구를 담은 논문 〈계산 기계와 지능〉을 발표했다. 인공지능을 판별하는 튜링 테스트를 제안했다.
1956년	다트머스 회의에서 '생각하는 기계'의 이름을 인공지능(AI, Articicial Intelligence)이라 정했다.
1958년	미국 MIT대의 존 매카시가 고급 프로그래밍 언어인 LISP를 개발했다.
1959년	미국의 킬비가 집적 회로를 개발했다. 1960년부터 사용되었다.
1965년	고든 무어가 마이크로칩 용량이 매년 2배가 될 것이라는 '무어의 법칙'을 발표했다.
1971년	인텔사의 테드 호프가 최초의 상업적 마이크로프로세서인 인텔 4004 프로세서를 개발했다.
1972년	전문가의 지식을 이용한 인공지능 시스템(전문가 시스템)인 MYCIN이 사용되었다.
1974년	컴퓨터 성능이 처음처럼 증가하지 않아 인공지능 연구는 침체기를 맞게 되었다.

| 1975년 | '무어의 법칙'이 마이크로칩 용량이 24개월마다 2배가 될 것이라고 수정되었다. 그 후 18개월마다 2배가 될 것이라고 한 번 더 수정되었다. |

1986년 제프리 힌튼이 동료인 데이비드 루멜하트, 로널드 윌리엄스와 함께 딥러닝 기술을 발표했다.

1997년 IBM사의 인공지능 컴퓨터 '딥블루'가 러시아 체스 챔피언 가리 카스파로프와의 대결에서 승리했다.

1998년 '구글'의 검색 엔진 서비스가 시작됐다.

2006년 캐나다 토론토대학의 제프리 힌튼 교수가 딥러닝의 개념을 발표했다.

구글이 기계 번역 서비스를 시작했다. 영어, 스페인어, 독일어, 프랑스어 등 4개 국어로 시작했다.

2007년 대한민국은 인공지능 로봇에 대한 로봇윤리헌장 초안을 발표했다.

2009년 구글사에서 자율주행 자동차 구글카가 시범 운행을 시작했다. 2020년 출시를 목표로 하고 있다.

2011년 IBM사가 딥블루를 발전시킨 '왓슨'을 출시했다.

세계 최초의 인공지능 음성 인식 비서인 '시리'가 애플사에서 개발되었다.

2012년	제프리 힌튼의 딥러닝 기술이 '구글의 고양이 인식'에 쓰였다.
2013년	인간 뇌의 신경 네트워크를 그리는 1차 '휴먼 커넥톰 프로젝트'가 완성됐다.
	미국에서 '브레인 이니셔티브' 프로젝트로, 유럽연합에서 '휴먼 브레인 프로젝트'로 인간 뇌의 비밀을 연구하기 시작했다.
	인공지능 의사 '왓슨'이 메모리얼 슬론-캐터링 암센터에서 일하기 시작했다.
2014년	구글은 딥러닝 개발 업체인 '딥마인드'를 4억 파운드에 인수했다. 구글은 딥러닝 기술을 활용해 알파고를 개발했다.
2015년	구글 포토 서비스가 인종 차별을 느낄 수 있는 단어를 사용해 문제가 되었다.
2016년	구글 딥마인드가 개발한 바둑 인공지능 '알파고'가 한국 프로 바둑 기사인 이세돌 9단을 4대1로 꺾었다.
	페이스북의 마크 주커버그가 챗봇인 '메신저 봇'을 개발했다.
	MS사의 인공지능 채팅 로봇 테이가 트위터에서 부적절한 말을 해서 활동을 멈추게 했다.

인공지능 변호사 '로스'가 뉴욕의 대
형 법률회사에 취업했다.

구글의 인공지능 화가 '딥 드림'이 미국 샌프
란시스코에서 전시회를 열었다.

러시아 국경 주변에 킬러 로봇을 배치했다.

인공지능 작가 '유우레이 라이타'가 일본의 한 공모전에서 1차 심사를
통과했다.

세계경제포럼에서 4차 산업혁명을 주제로 삼으면서 전 세계의 관심을
끌었다.

2017년　　미국 캘리포니아 아실로마에서 인공지능의 윤리와 가치에 대해 규정한
'아실로마 AI원칙'을 만들었다.

유럽연합의회에서 로봇의 법적 지위를 '전자인간'으로 지정했다.

인공지능 휴머노이드 소피아가 사우디아라비아로부터 세계 최초로 시
민권을 받았다.

2018년　　인공지능 휴머노이드 소피아가 대한민국을 방문했다.

더 알아보기

한국로봇산업진흥원 https://www.kiria.org/index.9i

지능형 로봇 산업 육성을 위한 다양한 사업을 효율적이고 체계적으로 추진하고 관련 정책의 개발을 지원하기 위한 기관이다. 지능형 로봇 개발 및 보급 촉진법 제41조에 따라 2008년에 세워졌다. 각종 로봇 기술 세미나를 개최해 정보를 나누고, 국내 로봇 산업을 육성하기 위해 다양한 활동을 지원한다. 해마다 정부 주도로 로보월드 기간에 국제 로봇 콘테스트를 개최해 로봇 기술 개발을 장려하고, R-BIZ챌린지를 개최해 로봇 제품과 서비스 개발, 마케팅 부문의 새로운 도전을 장려한다. 전국 지역아동센터 어린이들에게 교육용 로봇을 제공해 로봇 창의 교육을 위해 노력하고 있다.

카카오 AI https://www.kakaocorp.com/kakao/ai

다음 카카오에서 'Hey KaKao'를 부르면 누구나 마음껏 소통할 수 있는 인공지능 카카오i 서비스를 시작했다. 서비스를 시작하면서 2018년 1월 31일 카카오 알고리즘 윤리 헌장을 공개했다. 국내 기업 중 인공지능 기술 개발과 윤리에 관한 규범을 마련해 발표한 것은 카카오가 처음이다. 카카오 알고리즘 윤리헌장은 카카오 알고리즘의 기본 원칙, 차별에 대한 경계, 알고리즘의 독립성, 알고리즘에 대한 설명으로 구성되어 있고 홈페이지에서 확인 가능하다.

구글 딥마인드 https://deepmind.com/

인공지능 바둑 프로그램 알파고를 개발한 구글의 자회사이다. 구글에 인수되기 전

2010년 9월 영국 런던에서 '딥마인드 테크놀로지'라는 이름으로 설립되었다. 신경과학에 기반을 둔 인공지능 개발 회사로서 구글에 인수되면서 '구글 딥마인드'로 사명이 변경됐다. 지능이 무엇인지를 밝혀내고, 기계학습과 시스템 신경과학의 기술을 활용해 스스로 학습할 수 있는 범용 학습 알고리즘을 구축하는 것이 목표이다. 인공지능 기술을 이용해 기후 변화나 질병과 같은 다양한 사회 문제를 해결한다는 계획을 갖고 있다. (구글 크롬이나 네이버와 같은 웹 브라우저에서 번역 기능을 통해 한글로 볼 수 있다.)

MIT-IBM 왓슨 인공지능 연구소(MIT-IBM Watson AI Lab)

http://mitibmwatsonailab.mit.edu

글로벌 IT 기업 IBM이 매사추세스공과대학(MIT)과 함께 설립한 인공지능 연구소이다. 현재까지 인공지능 분야에서 최대 규모의 산학(산업과 대학) 협력 연구 사업이다. AI 알고리즘, AI 물리학, AI의 산업 분야 적용, AI를 통한 공동 번영 개발을 목표로 하고 있다. (구글 크롬이나 네이버와 같은 웹 브라우저에서 번역 기능을 통해 한글로 볼 수 있다.)

자르브뤼켄 인공지능 연구센터(DFKI) https://www.dfki.de/

1988년 독일 자르브뤼켄에 설립된 인공지능 기술을 개발하는 전문 연구기관이다. 세계에서 가장 큰 비영리 연구기관이다. 독일 자르브뤼켄에 본부를 두고 있고 카이저슬라우테른, 브레멘, 베를린에 분원을 두고 있다. 패턴 인식, 지식 경영, 지능형 시각화, 시뮬레이션, 멀티 에이전트 시스템, 언어 기술 등을 연구하고 있다. (구글 크롬이나 네이버와 같은 웹 브라우저에서 번역 기능을 통해 한글로 볼 수 있다.)

참고도서

《미래의 물리학》   미치오 가쿠

《미래학자의 인공지능 시나리오》   최윤식

《4차 산업혁명, 미래를 바꿀 인공지능 로봇》   이세철

《마음의 탄생》   레이 커즈와일

《라이프 3.0》   맥스 테그마크

《마음의 아이들》   한스 모라벡

《인공지능의 미래》   제리 카플란

《인공지능의 시대, 인간을 다시 묻다》   김재인

《최윤식의 주니어미래학교 미래인공지능》   최윤식

《KOREA SKEPTIC 2017 VOL.11》   스켑틱 협회 편집부

《인공지능 – 컴퓨터가 인간을 넘어설 수 있을까?》   사이언티픽 아메리칸 편집부

《4차 산업혁명을 이끌 IT과학이야기》   이재영

《로봇은 인간을 지배할 수 있을까?》   이종호

《김대식의 인간 vs 기계》   김대식

《Google Self-Driving Car Project Monthly Report February 2016》 Google

《왜 로봇의 도덕인가》   웬델 월러치·콜린 알렌

찾아보기

내인생의책은 한 권의 책을 만들 때마다
우리 아이들이 나중에 자라 이 책이 '내 인생의 책'이라고 말할 수 있는 책을 만들고자 합니다.

세상에 대하여 우리가 더 잘 알아야 할 교양

(55) 인공지능(AI) 우리의 친구가 될 수 있을까?

정윤선 지음

초판 발행일 2018년 3월 1일 | 2쇄 발행일 2022년 6월 15일
펴낸이 조기룡 | 펴낸곳 내인생의책 | 등록번호 제10-2315호
주소 서울시 서초구 나루터로70, 엠피스센터 212-1호
전화 (02)335-0449, 335-0445(편집) | 팩스 (02)6499-1165

ISBN 979-11 -5723-372-4 (44300)
978-89-97980-77-2 (세트)

책값은 뒤표지에 있습니다. 잘못된 책은 구입처에서 바꾸어 드립니다.

이 도서의 국립중앙도서관 출판시도서목록(CIP)은 e-CIP 홈페이지(http://www.nl.go.kr/ecip)에서 이용하실 수 있습니다.
(CIP제어번호: 2018005724)

내인생의책에서는 참신한 발상, 따뜻한 시선을 가진 원고를 기다리고 있습니다. 원고는 내인생의책
전자우편이나 홈카페를 이용해 보내 주세요. 여러분의 소중한 경험과 지식을 나누세요.

전자우편 bookinmylife@naver.com | **홈카페** http://cafe.naver.com/thebookinmylife

어린이제품안전특별법에 의한 제품 표시
제조자명 내인생의책 | **제조년월** 2021년 10월 | **제조국** 대한민국 | **사용연령** 5세 이상 어린이 제품
주소 및 연락처 서울특별시 서초구 강남대로373 홍우빌딩 16층 114호 (02) 335-0449

세더잘 50

젠트리피케이션 무엇이 문제일까?

정원오 지음

저소득층에도 삶을 개선할 경제적 기회를 부여하며, 도시가 활성화된다.
Vs. 도시에 대한 권리 침해이며, 지역의 경제 및 문화 생태계를 파괴한다.

젠트리피케이션은 지역 경제를 좀먹고 삶의 질을 해친다고들 한다. 반면 소득 재분배에 긍정적인 효과를 주며 경제 활성화를 유도한다는 주장도 있다. 시대의 변화에 따라 변화를 보는 관점은 다양할 수밖에 없다. 우리는 우리가 사는 도시를 어떻게 바라봐야 할까?

세더잘 49

아프리카 원조 어떻게 해야 지속가능해질까?

위문숙 지음

아프리카 원조는 아프리카를 위한 것이다.
Vs. 현재의 원조는 강대국의 배만 불릴 뿐이다.

어려움에 처한 아프리카를 도와야 하는 것은 당연한 일입니다. 하지만 그 방법이 오히려 강대국의 부만 늘려주고 있다면 어떨까요? 천문학적인 금액이 투입되어도 3,000원의 치료제가 없어 죽어가는 아이들이 생기는 건 어째서일까요?

세더잘 48

인플레이션 양적 완화가 우리를 살릴까?

홍준희 지음

인플레이션 10% Vs. 세금 10%
어느 쪽이 우리에게 더 유리할까요?

돈을 더 찍어서 시중에 푸는 정책과 세금을 더 거두어들이는 정책. 사람들은 당연히 첫 번째 정책을 선택합니다. 하지만 돈을 더 찍어내면 그만큼 물가가 올라 거둘 수 있는 세금 역시 늘어나고 말지요. 그렇다면 세금을 더 거두는 정책이 좋은 정책일까요? 이 책은 양적 완화와 인플레이션을 중심으로 우리가 경제에 관해 알고 있던 상식을 다시 한 번 생각해 보게 합니다.

세더잘 47

저작권 카피라이트냐? 카피레프트냐?

김기태 지음

저작권은 반드시 법으로 보호해야 한다.
Vs. 일정한 요건을 갖춘 경우에는 저작권자의 허락이 없더라도
　　저작물을 이용할 수 있도록 해야 한다.

저작권의 역사와 종류, 저작권으로 보호받는 저작물은 어떤 것들인지, 저작권의 자유 이용을 허용하는 CCL, 어떻게 저작권을 이용해야 하는지 인터넷 세대인 아동청소년들이 꼭 알아야 할 저작권에 대한 모든 지식을 알려 줍니다.

세더잘 46

청소년 노동 정당하게 일할 권리 어떻게 찾을까?

홍준희 지음 | 하종강 감수

청소년 보호를 위해 청소년 노동을 제한해야 한다.
Vs. 청소년의 노동 권리를 인정하고 안전하게 일할 수 있는
　　노동 현장을 제공하는 데 노력해야 한다.

최근 100여 년간 인류의 식량 생산량은 꾸준히 늘어났지만 세계 곳곳에서 기아에 시달리는 사람은 여전히 넘쳐납니다. 이 책에서는 기아의 원인과 현실 그리고 기아 퇴치를 위한 갖가지 방법을 풍부한 사례와 함께 다루고 있습니다.

세더잘 45

플라스틱 오염 재활용이 해답일까?

제오프 나이트 지음 | 한진여 옮김 | 윤순진 감수

친환경 플라스틱과 재활용으로도 충분히 플라스틱 오염을 막을 수 있다.
Vs. 플라스틱 오염의 근본적 대책은 플라스틱 사용을 금지하는 것이다.

플라스틱 탄생의 역사에서부터 플라스틱 생성 원리, 플라스틱 오염을 막기 위한 현실적인 대안들에 이르기까지 플라스틱을 둘러싼 역사적, 과학적, 사회적 주제들을 빠짐없이 다루고 있습니다.

세더잘 44

글로벌 경제 나에게 좋은 걸까?

리처드 스필베리 글 | 한진여 옮김 | 강수돌 감수

글로벌 경제는 인류의 삶에 풍요를 가져왔다.
Vs. 글로벌 경제는 빈부 격차를 확대하고 환경을 파괴할 뿐이다.

글로벌 경제란 국가 간 무역량이 늘어나면서 나라와 나라 사이의 경제 활동이 더 자유로워지고 상호 의존도가 높아지는 경제를 말합니다. 글로벌 경제는 그동안 인류의 삶을 풍요롭게 하는 데 큰 역할을 했지만 한편으로는 환경 파괴나 노동 소외 등의 문제를 불러 일으켰습니다. 과연 글로벌 경제는 나의 삶에 좋은 것일까요?

세더잘 43

제노사이드 집단 학살은 왜 반복될까?

마크 프리드먼 글 | 한진여 옮김 | 홍순권 감수

제노사이드는 정치 권력자의 범죄이므로 이들을 확실하게 처벌하면 재발을 막을 수 있다
Vs. 제노사이드는 국제사회(UN)와 개인들이 힘을 모아야 근절시킬 수 있다

인류 역사에는 한 민족이 다른 민족을 집단으로 학살하는 비극이 지속적으로 발생해 왔습니다. 아르메니아 대학살부터 아우슈비츠 학살까지 역사는 되풀이됩니다. 과연 제노사이드는 어떻게 막을 수 있을까요? 주동자를 처벌하면 될까요? 국제 사회의 노력이 필요할까요?

세더잘 42
다문화 우리는 단일민족일까?
박기현 글 | 변종임 감수

**우리는 단일민족이기 때문에 다문화 사회로의 전환이 원칙적으로 어렵다
Vs. 우리는 원래 다문화 사회였기 때문에 행복한 다문화 사회를 만들 수 있다**

최근 한국 사회에도 다문화 가정이 많이 늘어나는 추세입니다. 하지만 여전히 다른 인종과 다른 민족에 대한 편견과 차별이 존재하고 있는 것이 현실이지요? 과연 한국은 다문화 사회로의 성공적인 전환이 가능할까요?

세더잘 41
빅데이터 빅브러더가 아닐까?
질리 헌트 글 | 이현정 옮김 | 최진 감수

**빅데이터는 새 시대를 열어 줄 신기술이므로 적극적으로 활용할 제도를 구축해야 한다.
Vs. 개인 정보 유출 등의 빅브러더 문제를 막으려면 데이터 활용을 적절히 규제해야 한다.**

식품 산업에서부터 스포츠 경기에 이르기까지 빅데이터 기술을 활용한 시장 분석은 인류 생활에 큰 변화를 가져왔지요. 그런데 정보를 수집하는 빅데이터 기술의 특성상 개인 정보의 침해라는 인권 문제도 함께 제기되고 있어요. 과연 신기술은 어디까지 허용되야 할까요?

세더잘 40
산업형 농업 식량 문제의 해결책이 될까?
김종덕 글

**산업형 농업은 인류의 식량난을 해결할 획기적이고 효율적인 농업 방식이다.
Vs. 환경 오염이 심해지고 우리의 건강이 위협받고 있어 다른 대안을 찾을 때다.**

인구 증가가 가속화되면서 인류는 식량 문제에 직면했고, 그 해결책으로 마치 공장에서 찍어내듯 대량으로 농작물을 경작하는 산업형 농업이 등장했습니다. 산업형 농업은 인류의 굶주림을 어느 정도 해결해 주었지만, 환경오염이라는 다른 문제점을 낳았습니다. 과연 인류는 산업형 농업 외에 다른 대안을 찾아야 할까요?

세더잘 39
기아 왜 멈출 수 없을까?
앤드루 랭글리 글 | 이지민 옮김 | 마이클 마스트란드리 · 김종덕 감수

**식량 생산량 증가를 통해 기아 문제를 해결할 수 있다.
Vs. 부패한 정치와 거대 자본에 휘둘리지 않는 공정한 분배를 실현해야 한다.**

지금도 세계 도처에서는 8억 명이 넘는 사람들이 하루하루 끼니를 근심하며 살아가고 있습니다. 기아는 인간의 존엄을 뒤흔드는 심각한 문제입니다. 가난과 함께 대물림된다는 점에서 더욱 큰 문제이지요. 우리가 어느 누구도 굶어 죽는 일 없는 미래를 찾아 낼 수 있을까요? 어떻게 하면 기아가 기아를 부르는 악순환을 끊을 수 있을까요?

세더잘 38

슈퍼박테리아 과학으로 해결할 수 있을까?

존 디콘실리오 글 | 최가영 옮김 | 송미옥 감수

항생제 사용 제한이 가장 강력한 슈퍼박테리아 퇴치 방안이다.
Vs. 획기적 새 항생제 개발만이 슈퍼박테리아를 퇴치할 수 있다.

인류에게 새로운 공포의 대상으로 떠오르는 슈퍼박테리아는 항생제에 내성이 생겨 쉽사리 죽지 않는 변종 박테리아입니다. 슈퍼박테리아의 위험에서 벗어나기 위해서는 이제부터라도 항생제 사용을 줄여야 한다는 의견부터 슈퍼박테리아를 퇴치할 수 있는 새로운 항생제 개발에 노력을 기울여야 한다는 의견까지 여러 주장이 팽팽히 맞서고 있습니다. 슈퍼박테리아 감염으로부터 우리 자신을 지키는 가장 적절한 해결책은 무엇일까요?

세더잘 37

스포츠 윤리 승리 지상주의의 타개책일까?

로리 하일 글 | 이현정 옮김 | 김도균 감수

스포츠의 궁극적인 목적은 경쟁에서 우위를 점하고 승리를 거두는 것이다.
vs 승리도 중요하지만 스포츠의 본질을 해쳐서는 안 된다.

운동선수 중에는 승리에 대한 집착이 심해진 나머지 규정을 어기면서 편법을 사용하고 심지어 금지 약물까지 복용하는 이들이 있습니다. 지나친 승리 지상주의에 빠진 결과지요. 그렇다면 승리 지상주의에서 벗어나 진정한 스포츠 정신을 지키기 위해 어떻게 해야 할까요? 스포츠 윤리가 그 해답이 될 수 있을까요?

세더잘 36

스포츠 자본 약일까, 독일까?

닉 헌터 글 | 이현정 옮김 | 김도균 감수

스포츠 자본은 스포츠의 발전에 지대한 영향을 끼쳤다.
vs 스포츠 자본은 스포츠를 돈벌이 수단으로 전락시켰다.

스포츠의 발전에는 자본이 필요합니다. 하지만 자본이 스포츠를 돈벌이 수단으로 만들고 말았다는 탄식이 오늘날 이곳저곳에서 터져 나오고 있습니다. 자본의 편중으로 인한 역차별 현상에 대한 우려도 높습니다. 승부조작이나 약물 복용 같은 범법 행위가 문제가 되기도 합니다. 이미 산업화 되어버린 현대 스포츠에서 우리는 스포츠 자본을 어떻게 바라보아야 할까요?

세더잘 35

폭력 범죄 어떻게 봐야 할까?

앨리슨 라쉬르 글 | 이현정 옮김 | 이상현 감수

강력한 법집행이 폭력 범죄를 근절할 수 있다.
vs 폭력 범죄를 해결하는 근본적인 해결책은 무거운 형벌이 아닌 범죄 예방 교육이다.

세계 어디서나 폭력 범죄는 심각한 사회 문제입니다. 그래서 현재 세계 각국에서는 폭력 범죄를 해결하기 위한 다양한 논쟁이 일어납니다. 과연 강력한 법집행이 폭력 범죄를 근절할 수 있는 대안일까요? 아니면 무거운 형벌보다 범죄 예방 교육이 더 필요한 걸까요? 어떤 선택이 우리 삶을 더 안전하게 만들 수 있을까요?

디베이트 월드 이슈 시리즈

세상에 대하여 우리가 더 잘 알아야 할 교양

전국사회교사모임 선생님들이 번역 및 창작한 신개념 아동·청소년 인문교양서!

《디베이트 월드 이슈 시리즈 세더잘》은 우리 아이들에게 편견에 둘러싸인 세계 흐름에서 벗어나 보다 더 적확한 정보와 지식을 제공합니다. 모두가 'A는 B이다.'라고 믿는 사실이, 'A는 B만이 아니라, C나 D일 수도 있다.'라는 것을 알려 주면서 아이들이 또 다른 진실을 발견하도록 안내합니다.

★ 전국사회교사모임 추천도서 ★ 문화체육관광부 우수교양도서 ★ 한국간행물윤리위원회 청소년 권장도서 ★ 서울시교육청 추천도서
★ 보건복지부 우수건강도서 ★ 아침독서 추천도서 ★ 대교눈높이창의독서 선정도서 ★ 학교도서관저널 추천도서

① 공정무역 ② 테러 ③ 중국 ④ 이주 ⑤ 비만 ⑥ 자본주의 ⑦ 에너지 위기 ⑧ 미디어의 힘 ⑨ 자연재해 ⑩ 성형 수술 ⑪ 사형제도 ⑫ 군사 개입 ⑬ 동물실험 ⑭ 관광산업 ⑮ 인권 ⑯ 소셜 네트워크 ⑰ 프라이버시와 감시 ⑱ 낙태 ⑲ 유전 공학 ⑳ 피임 ㉑ 안락사 ㉒ 줄기세포 ㉓ 국가 정보 공개 ㉔ 국제 관계 ㉕ 적정기술 ㉖ 엔터테인먼트 산업 ㉗ 음식문맹 ㉘ 정치 제도 ㉙ 리더 ㉚ 맞춤아기 ㉛ 투표와 선거 ㉜ 광고 ㉝ 해양석유시추 ㉞ 사이버 폭력 ㉟ 폭력 범죄 ㊱ 스포츠 자본 ㊲ 스포츠 윤리 ㊳ 슈퍼박테리아 ㊴ 기아 ㊵ 산업형 농업 ㊶ 빅데이터 ㊷ 다문화 ㊸ 제노사이드 ㊹ 글로벌 경제 ㊺ 플라스틱 오염 ㊻ 청소년 노동 ㊼ 저작권 ㊽ 인플레이션 ㊾ 아프리카 원조 ㊿ 젠트리피케이션 51 동물원 52 가짜 뉴스 53 핵전쟁 54 4차 산업혁명